古代歷史文化研究輯刊

十六編

王明蓀 主編

第 6 冊

文學才辯，妙選聘使
——從外交論北朝漢文化發展（下）

龔詩堯 著

國家圖書館出版品預行編目資料

文學才辯，妙選聘使——從外交論北朝漢文化發展（下）／
龔詩堯 著 — 初版 — 新北市：花木蘭文化出版社，2016〔民
105〕
目 2+158 面；19×26 公分
（古代歷史文化研究輯刊 十六編；第 6 冊）
ISBN 978-986-404-750-5（精裝）
1. 外交史 2. 南北朝
618   105014258

ISBN-978-986-404-750-5

9 789864 047505

古代歷史文化研究輯刊
十六編 第 六 冊   ISBN：978-986-404-750-5

文學才辯，妙選聘使——從外交論北朝漢文化發展（下）

作　　者　龔詩堯
主　　編　王明蓀
總 編 輯　杜潔祥
副總編輯　楊嘉樂
編　　輯　許郁翎、王筑　美術編輯　陳逸婷
出　　版　花木蘭文化出版社
社　　長　高小娟
聯絡地址　235 新北市中和區中安街七二號十三樓
　　　　　電話：02-2923-1455／傳真：02-2923-1452
網　　址　http://www.huamulan.tw 信箱 hml810518@gmail.com
印　　刷　普羅文化出版廣告事業
初　　版　2016 年 9 月
全書字數　297555 字
定　　價　十六編 35 冊（精裝）台幣 68,000 元
版權所有・請勿翻印

文學才辯，妙選聘使
——從外交論北朝漢文化發展（下）

龔詩堯　著

目次

第六章　南北斷交與外交平等
　　　　競爭盛況

　　北魏自孝文帝太和十八年（494）南征以後，再經宣武、孝明帝二朝，這
段期間與南朝常有軍事衝突。此時南朝由齊明帝至梁武帝普通元年（520），
整整二十五年左右，南北政府未曾正式通使，直到北魏分裂成東、西魏之前，
僅遣使至蕭梁一次，雙方沒有重新建立相互聘問的邦誼。倘若再加上這之後
大約十五年的時間，南北外交的中斷就超過了四十年，成為最長的一次外交
空白期。

　　在這四十年之內，北魏內部政治雖然逐漸敗壞，然至孝明帝時期靈太后
主政初年，表面上仍維持著安定的局勢，國力強盛，漢化的程度愈來愈深，
加上外患柔然因自身衰弱而無法再威脅鄰國，於是北魏便擺出宗主國的姿
態，只願接受其他國家朝貢，不再派遣使節回聘，這些情勢都使得北魏的外
交模式逐漸改變。

　　其後的東、西兩魏，與南朝的往來情況並不相同。東魏因繼承了較深厚
的文化資本，故與蕭梁之間的聘問較為頻繁，促成了南北朝歷史裏，真正在
形式及內涵上皆達致平等的交流。嚴格來說，後世史家所稱讚的外交盛況，
是從此時才展開的。至於南朝方面，梁武帝代齊以後，在位長達四十餘年，
故於政治上，局勢取得相對安定的狀態；軍事上亦有突破，甚至一度打破宋
文帝以來北強南弱的形勢；而在文化上，儒學、佛學與文學皆受到重視，開
啟了更寬廣的視野，也創造出前所未有的表達型態。這些改變，或多或少都
在南北之間的交流裏產生作用，然而其末年的急速崩毀，對雙方關係改變更
有重大影響。

第一節　斷交期的交流概況與復交後的再認識

一、北魏唯一一次遣使蕭梁

　　孝文帝太和十八年（494）南征以後，南北雙方唯一一次正式外交，發生在孝明帝正光元年（520），由北魏單方面派遣使節至蕭梁。經過了長達二十五年的空白期，南北雙方對敵邦的認知，皆與真實情況之間存著極大的偏誤與落差。〔註1〕《梁書》卷二十一〈王錫傳〉載：

> 普通初，魏始連和，使劉善明來聘，敕使中書舍人朱异接之，預讌
> 者皆歸化北人。善明負其才氣，酒酣謂异曰：「南國辯學如中書者幾
> 人？」异對曰：「异所以得接賓宴者，乃分職是司。二國通和，所敦
> 親好；若以才辯相尚，則不容見使。」善明乃曰：「王錫、張纘，北
> 間所聞，云何可見？」异具啟，敕即使於南苑設宴，錫與張纘、朱
> 异四人而已。善明造席，遍論經史，兼以嘲謔，錫、纘隨方酬對，
> 無所稽疑，未嘗訪彼一事，善明甚相歡抱。佗日謂异曰：「一日見二
> 賢，實副所期，不有君子，安能為國！」〔註2〕

首次南訪的北魏使節劉善明對自己的辯才學識頗為自負，當他發現蕭梁接待官員朱异的能力似乎勝過自己，一時還不願接受這個事實，但因宴會滿座的接待官員皆為歸附南朝的北人，無從求證當時南朝士人的文化水平，故乘醉提出請求，堅持要見識一下更著名的王錫、張纘，會面後也不得不歎服此二人的本領。

　　過去的北魏使節，一旦要面對南朝各種賦詩、談辯等充滿文化氣息的活動，大多避之唯恐不及，然劉善明卻自己提出要求，這是一個極大的轉變。儘管劉善明未能在此類活動中獲得壓倒性的勝利，尚可應付自如，足見其才學已追企南方文士，不再遠遠落後。劉善明的家世、生平不見經傳，僅《南史》在與前述引文大致相同的段落中提及：「善明彭城舊族，氣調甚高」〔註3〕，可知

〔註1〕當時的傳播媒體不發達，如果不透過正式的外交管道，連圖書都無法任意流
　　　通，此即北魏政府之所以向蕭齊政府求書的緣故，而北方士人對南方文士（如
　　　王融等）的詩文名篇，往往只知其題名卻不知內容。至於北地才子（如溫子
　　　昇等）的作品，必須等到南北外交恢復後，才有機會被梁人閱讀。
〔註2〕《梁書》，卷34〈張纘傳〉，頁128亦記載劉善明聘問事。
〔註3〕《南史》，卷23〈王錫傳〉，頁177。又載：「引宴之日，敕使左右徐僧權於坐
　　　後，言則書之」，梁武帝特地派人記錄王錫、張纘與劉善明的對談，所以對雙

其先祖居於鄰近國境的重要城市，是原屬南朝士族的北朝官員。此等人物在當時的北魏並不罕見，由此可以推測在文化風氣愈來愈興盛的北朝，知識分子對賦詩、談辯之類的活動必然比過去更為熟悉，甚至已經開始產生菲薄南朝人物的心態，這一方面是本國高度漢化的結果，一方面也與長期和南朝隔絕有關。

回顧以往的北魏使節，道武、明元兩朝聘任的官員無足稱道；太武帝時期的游雅，自視甚高、喜好陵躪他人，但出使劉宋卻毫無表現；孝文帝時期的李彪，能吟能寫，因此受到特殊禮遇，可惜在蕭梁君臣為他返國餞別的盛會上，仍無法如南朝文士那般即席成篇。在長達百年以上的歷史裏，南北雙方皆認為北人的文學素養完全不能與南人相提並論，彼此接觸時從未出現過任何一場勢均力敵的競爭，遑論交互影響？故北人對南人的學習，恐怕也只被視為沐猴而冠，北朝文學的發展當然就難以得到肯定。至於文學以外的其他文化領域，也幾乎都是在南北交流後，受到南朝斐然成就的對照而相形見絀，才知道應該如何補強，所以在苦苦追趕的過程裏，北地不如江南的心理陰影始終無法擺脫。

然而，這二十五年的外交空白期，因為雙方幾乎不曾止式接觸，反而讓無從比較、必須自行發展文化的北朝人士在一定程度上脫離自卑情結，並增強了自信心。雖然這種自信不免與過往未曾到過南方的游雅一樣，含有坐井觀天、夜郎自大的成份，但因其時北魏文學風氣已成，即使創作水準尚且未能與南朝等量齊觀，但兩者之間已不再像過往那般天差地遠，以致全然沒有相提並論的可能。

值得注意的是：作為蕭梁與北朝正式外交開端的劉善明聘問，實為一孤立事件。在北魏內部政治方面，時為正光元年（525），孝明帝年幼，原本由靈太后臨朝聽政，然而，其年七月元乂、劉騰軟禁太后，自此元乂一黨掌權長達五年，故同年年底的遣使，極可能並非原先以靈太后為首的朝廷之既定政策，而是元乂一黨掌權後對敵國的試探性動作。或許正因如此，在一向詳載南北外交的《魏書》中，罕見地完全省略了此次聘問的相關記載。

再者，蕭梁方面對此次遣使，並未報以回聘之禮。北魏宣武帝駕崩後，孝明帝熙平元年（516）年，「九月丁丑，淮堰破」，三、四年來，南北間已罕

方的表現應該相當清楚。對照日後梁武帝對東魏使節的稱讚，沒能讓他驚嘆的劉善明，整體表現只算差強人意而已。

有紛爭，然而在劉善明出使後的次年（521）七月，蕭梁即出兵收復義州，因此南北雙方不僅未重建過去的常態外交，反倒返回交戰不斷的局勢。自此以後，直至北魏分裂，都未曾再派遣使節。雖然限於史料，這次聘問對南北關係的影響難以具體論斷，但整體而言，此一時期的聘問所發揮的作用應該是極有限的。

二、孝明帝時期的外交概況與國際地位

對於南北交流，江左部份人士始終抱持反對態度，所以雙方的長期斷交，在南朝方面或可說是此一勢力的抬頭。相對地，北魏一向較積極維持雙方往來關係，故與過去的急切情狀相比，此階段的中止聘問即反映了北魏在外交心態上的重大改變。

首先，在與外交密切相關的國際地位方面，《通鑑》卷一百四十九〈梁紀五・武帝普通元年（520）〉載：

> 時魏方強盛，於洛水橋南御道東作四館，道西立四里：有自江南來降者處之金陵館，三年之後賜宅于歸正里；自北夷降者處燕然館，賜宅于歸德里；自東夷降者處扶桑館，賜宅於慕化里；自西夷降者處崦嵫館，賜宅於慕義里。及（柔然）阿那瓖入朝，以燕然館處之。

北魏立足中原已久，接受西域、諸國朝貢，僅孝明帝熙平年間（516～518），即有吐谷渾、高昌、契丹、高麗、波斯等十餘國遣使前來，[註4] 在國際外交地位上已大致取代魏、晉等過往正統政權，因而不再需要藉由與南朝的外交、通婚等來證明自己的實力。更何況，依照宋、齊慣例，南北雙方外交的規格形式，都將北魏擺置在較低下的一方，[註5] 故已以正統自居的宗主國北魏，實不必再至南朝自取其辱。

所以，全面檢視北魏此一時期的外交狀況，可以發現對南朝的關係雖然漸趨冷淡，但對其他國度卻非如此。例如熙平年間，「肅宗遣王伏子統宋雲、沙門法力等使西域，訪求佛經。時有沙門慧生者亦與俱行」；[註6] 同時，靈

〔註4〕《魏書》，卷102〈西域傳〉，頁1117～1118。

〔註5〕例如本文第五章・第三節所述及的「衣冠致隔」，北魏因胡服而導致使節在南朝時受到較低規格待遇的狀況，在孝文帝漢化後，原本可望改善，然而，南北斷交隨即發生，而且事涉北魏鮮卑文化，所以，北朝史料並未詳載，北朝使節待遇規格提昇的確實時間並不清楚。可以確定的是，至北齊與陳朝時期，外交禮儀仍以南朝為準。

〔註6〕《魏書》，卷102〈西域傳〉，頁1126，然卷114〈釋老志〉云：「熙平元年，

太后不顧群臣爭議，使「王人遠役，銜命虜庭，……與夷虜之君，酋渠之長，結昆弟之忻，抗分庭之義」，〔註7〕開始與柔然平等往來，可見當時北魏努力拓展和北方外患及西域國度的關係，同時從軍政、文化、外交工作等方面下手。而且，上述事件發生時，元乂等人尚未奪權，故可判斷此為靈太后主持下的整體政策之一環，而非如劉善明聘梁那般，只是為一個突發的孤例。

從軍事形勢而言，南北之間的長期斷交，導源於孝文帝晚期欲統一中國而出兵江左。其時北魏國勢興盛，如今局面卻有了極大的改變。孝明帝一朝內亂頻起，逐漸無力南征，因此自孝文帝晚期經宣武帝時代，幾乎未曾斷絕的南北紛爭，此時才稍見和緩。大體說來，北魏對國勢轉強的柔然之顧忌超過南朝，於是其外交的重點目標便轉移至更北方的國家及外患上，主要著眼於現實的利益。

從文化需求而言，北魏遣使訪求佛經亦反映了當時社會「過崇佛法」、輕忽儒學的風氣。〔註8〕北魏官方過往向南朝吸收的內容，以禮儀與制度為主，儘管就南朝的標準來看，北朝的漢化尚不徹底且不純正，然既大體粗備，即符合了北魏政府的要求，倘若不必在正式場合裏與江左文化直接較量，則其漢化程度已足夠讓北魏以中原文化之正統自居。更重要的是，北魏、江南皆盛行佛教，後來東魏與蕭梁復交，也時常進行佛典的交流，但佛教之義理及軌範並非漢文化的一部分，故北朝對南朝的交流也就不像昔日那樣渴望。

至於其餘較實質的層面如經濟等，則不需倚靠外交來疏通。《魏書》卷一百一十〈食貨志〉云：

> 自魏德既廣，西域、東夷貢其珍物，充於王府。又於南垂立互市，
> 以致南貨羽、毛、齒、革之屬無遠不至。神龜、正光之際，府藏盈

　詔遣沙門惠生使西域，採諸經律」。
〔註7〕　《魏書》，卷24〈張袞附曾孫倫傳〉，頁309。前云：「熙平中，蠕蠕主醜奴遣使來朝，抗敵國之書，不修臣敬。朝議將依漢答匈奴故事，遣使報之」，過去柔然必須稱藩，始得與北魏外交，孝明帝時此一改變，等於承認雙方地位均等，故引起張倫等臣子上表反對。
〔註8〕　《通鑑》，卷148〈梁紀四·武帝天監十四年（515）〉載：「初，洛陽有漢所立《三字石經》，雖屢經喪亂而初無損失。及魏馮熙、常伯夫相繼為洛州刺史，毀取以建浮圖精舍，遂大致頹落，所存者委於榛莽，道、俗隨意取之」，北魏官員取儒經石碑來修建佛教建築，象徵當時北魏思想界的潮流變動，亦可見孝明帝一朝對儒學的輕忽，尤過於孝文、宣武兩朝，故《魏書》，卷84〈儒林傳·序〉云：「神龜中，將立國學，……仍復停寢」，「暨孝昌之後，海內淆亂，四方校學所存無幾」。

溢。

可見南北之間的官方外交雖然斷絕，而邊境商品財貨的流動並不因此中止，比起劉宋初中期政府對互市的猶豫，此時雙方商業管道更爲暢通，至孝明帝中晚期神龜（518～519）與正光（520～525）年間，南方各地產物皆可運送至洛陽。

總之，在經濟上，民間的物產交流已經取得滿足；在文化上，重釋輕儒的風潮逐漸形成，皆影響到北魏對南朝的往來意願，再加上軍事政治的牽制，使南北之間的正式外交變得可有可無，重要性大爲降低。

三、其他官方交流概況

雖然南北兩方這段外交空白期長達四十年，不過，邊疆官員的書信往返、大小戰爭時俘虜遣送的作業，以及其他各種非正式交流例如流亡人士的附歸、邊境將領的降而復叛等，並未完全中止。其中，雙方俘虜易換所涉及的官方層級較高。魏正始元年（504），〔註9〕《魏書》卷十九中〈景穆十二王傳中·任城王元澄傳〉載：

> 蕭衍冠軍將軍張惠紹，游擊將軍殷暹、驍騎將軍趙景悅、龍驤將軍張景仁等率眾五千，送糧鍾離。（元）澄遣統軍王足、劉思祖等邀擊惠紹等，大破之。獲惠紹、殷暹、景仁及其屯騎校尉史文淵等軍主以上二十七人。……時蕭衍有移，求換張惠紹。澄表請不許，詔付八座會議。尚書令、廣陽王嘉等奏宜還之，詔乃聽還。

《通鑑》卷第一百四十五〈梁紀一·武帝天監三年（504）〉亦載：「上以所獲魏將士請易張惠紹於魏，魏人歸之」，則此次易俘爲蕭梁方面主動提出。面對梁武帝移書提出交換俘虜的要求，北魏朝廷詔付八座會議謹慎商討，並由宣武帝下詔允許，可說是雙方中央層級的間接交流。

又如卷七十九〈董紹傳〉亦載：

> 董紹，字興遠，新蔡鮦陽人也。少好學，頗有文義。……辯於對問，爲世宗所賞。豫州城人白早生以城南叛，詔紹慰勞。至上蔡，爲賊所襲，囚送江東，仍被鎖禁。蕭衍領軍將軍呂僧珍暫與紹言，便相器重。衍聞之，遣使勞紹云：「忠臣孝子，不可無人。今當聽卿還國。」紹對曰：「老母在洛，無復方寸，既奉恩貸，實若更生。」

〔註9〕　《魏書》，卷8〈世宗紀〉，頁115～116。

衍又遣主書霍靈超謂紹曰：「今放卿還，令卿通兩家之好，彼此息
民，豈不善也！」對曰：「通好息民，乃兩國之事，既蒙命及，輒
當聞奏本朝。」衍賜紹衣物，引入見之，令其舍人周捨慰勞，并稱：
「戰爭多年，民物塗炭，是以不恥先言，與魏朝通好。比亦有書，
都無報旨。卿宜備申此意，故遣傳詔周靈秀送卿至國，遲有嘉問。」
又令謂紹曰：「卿知所以得不死不？今者獲卿，乃天意也。夫千人
之聚，不散則亂，故須立君以治天下，不以天下養一人。凡在民上，
胡不思此？若欲通好，今以宿豫還彼，彼當以漢中見歸。」先是，
詔有司以所獲衍將齊苟兒等十人欲以換紹，事在〈司馬悅傳〉。及
紹還，世宗愍之，永平中，除給事中，仍兼舍人。紹雖陳說和計，
朝廷不許。

此次易俘事件涉及到北魏國內的變亂，董紹在豫州城人白早生叛逆時，被拘
縛至南朝。《魏書》卷三十七〈司馬楚之附孫悅傳〉也有關於此事的記載：

永平元年（508），城人白早生謀為叛逆，遂斬悅首，送蕭衍。既而
邢巒復懸瓠，詔曰：「司馬悅暴罹橫酷，身首異所，國戚舊勳，特可
悼念。主書董紹，銜命公行，因漂殊域，事可矜愍。尚書可量賊將
齊苟兒等四人之中分遣二人，敕揚州為移，以易悅首及紹，迎接還
本。用慰亡存。」

由前述兩段引文可知，北魏固然有主動易俘之意，蕭梁更試圖藉此謀求雙方
和平，並希望透過董紹居中牽線，商討交換國土的問題，對調宿豫、漢中兩
地的所有權。原本身為俘虜的董紹在江左時受到梁武帝優遇，又受託回國傳
達訊息給北魏朝廷，雖然最後兩國並未因此恢復邦交，但董紹所為之事，實
質上與正式使節頗為相近。

　　另外，董紹在江左時，曾與蕭梁將軍呂僧珍短暫交談，後者對他頗為器
重，《通鑑》卷第一百四十七〈梁紀三‧武帝天監八年（509）〉亦云：「移書
未至，領軍將軍呂僧珍與紹言，愛其文義，言於上」，事若屬實，則董紹於
無意中已達成過去北魏一再藉由本國使節來展示人才及宣揚文化水準的意
圖。

　　南北關係緊張，形勢瞬息萬變，所謂「將在外，君命有所不受」，在中央
政府未曾介入的情況下，雙方邊境將官間的往來其實相當頻繁。例如：正光
二年（521），即上述劉善明出使次年，蕭梁出軍破北魏義州，欲再襲揚州時，

〔註10〕雙方即有移書往返，《魏書》卷五十八〈楊播附子侃傳〉載：

> 揚州刺史長孫稚請爲錄事參軍。蕭衍豫州刺史裴邃治合肥城，規相
> 掩襲，密購壽春郭人李瓜花、袁建等令爲內應。邃已纂勒兵士，有
> 期日矣，而慮壽春疑覺，遂謬移云：「魏始於馬頭置戍，如聞復欲修
> 白捺舊城。若爾，便稍相侵逼，此亦須營歐陽，設交境之備。今板
> 辛已集，唯聽信還。」佐僚咸欲以實答之，云無修白捺意。而（楊）
> 侃曰：「白捺小城，本非形勝。邃好小黠，今集兵遣移，虛構是言，
> 得無有別圖也？」稚深悟之，乃云：「錄事可造移報。」侃移曰：「彼
> 之纂兵，想別有意，何爲妄構白捺也！他人有心，予忖度之，勿謂
> 秦無人也。」邃得移，謂已知覺，便爾散兵。

無論是先前出自皇帝之手的詔書，或此次蕭梁豫州刺史與北魏揚州刺史之間
自行致報的移書，都顯示出北魏此時已較能忠實地記載南北往來的狀況，不
再如國朝初期那般，把兩國非正式的交流曲筆敘述爲雙方朝廷互相派遣使
節，反而呈顯出北魏已具備了眞正不遜於江左的國格高度。

除了較常見的文件往返，少數邊境將官甚至會遣派官員進行規格較低的
外交。例如北魏荊州刺史李神俊，曾經遣使於蕭梁雍州刺史蕭綱，討論邊疆
事務，《魏書》卷五十二〈陰仲達附族孫道方傳〉載：

> （陰）道方，性和雅，頗涉書傳，深爲李神俊所知賞。神俊爲前將
> 軍、荊州刺史，請道方爲其府長流參軍。神俊曾使道方詣蕭衍雍州
> 刺史蕭綱論邊事，道方風神沈正，爲綱所稱。正光末，蕭綱遣其軍
> 主曹義宗等擾動邊蠻，神俊令道方馳傳向新野，處分軍事。於路爲
> 土因村蠻所掠，送於義宗，義宗又傳致襄陽，仍送於蕭衍，囚之尚
> 方。孝昌中，始得還國。既至，拜奉朝請，轉員外散騎侍郎。孝莊
> 初，遷尚書左民郎中，修起居注。永安二年，詔道方與儀曹郎中王
> 元旭使於蕭衍。至南兗州，有詔追還。〔註11〕

〔註10〕時間與其事前後因果，參見：《通鑑》，卷第149〈梁紀五‧武帝普通二年（521）〉：
「七月，丁酉，以大匠卿裴邃爲信武將軍，假節，督眾軍……，復取義州。
魏以尚書左丞張普惠爲行台，將兵救之，不及。以裴邃爲豫州刺史，鎮合肥。
邃欲襲壽陽……」

〔註11〕荊州刺史李神俊派陰道方出使雍州的時間，史書並未詳載。據《梁書》，卷4
〈簡文帝紀〉：普通四年（523），蕭綱始爲雍州刺史，而陰道方於魏孝明帝正
光五年（524）被擄，其出使雍州，應該在這期間。

此段記錄提及陰道方兩次與蕭梁官員接觸的情形，第一次受李神俊之命，與雍州刺史蕭綱，即未來的梁簡文帝進行商議，「道方風神沉正，爲綱所稱」，氣度神采已能博得南朝人士讚賞。至於第二次則是個意外，陰道方爲李神俊傳遞軍事消息，不幸被歸附南朝的蠻族所縛，送至襄陽與首都。〔註12〕另外，北魏末年，孝莊帝永安二年（529），朝廷還曾派遣陰道方出使蕭梁，不過卻半途中止。

比起最後一次未能成行的朝廷派遣，陰道方前兩次身爲邊境將官的使節，甚至俘虜，與蕭梁人士互動反而較多。事實上，當時如董紹、陰道方等人，以非正常管道往返南北的案例並不罕見，對兩國相互認識的促進，亦未必遜於正式外交。

第二節　歸附人士對南北交流造成的影響

在這段南北外交空白期中，最常見的雙方交流，除了戰爭以外，就是邊境將官的叛變。北魏宣武帝年間，游肇上表云：

> ⋯⋯往昔開拓，皆因城主歸款，故有征無戰。今之據者，雖假官號，
>
> 真僞難分，或有怨於彼，不可全信。〔註13〕

當時雙方邊疆官員易幟變節的情形極爲頻繁，對南北緊張局勢影響之大，往往不亞於雙方朝廷既定的征伐政策。其中自然有許多人並非經過深思熟慮就投降敵方，因此時常降而復叛，著名的丘遲〈與陳伯之書〉即爲此種情形之下的產物。〔註14〕

蕭梁天監元年（502），與陳伯之同時叛梁的褚緭，入北魏參與元會，曾對北魏官員的冠服大加譏嘲，由此可知褚緭曾至首都洛陽。不過，像陳伯之等邊疆將官，一部份只是在名義上歸附敵方，許多人實際上並未離開自己的根據地，因此才有機會降而復叛、北而復南。而褚緭等被召至京師者，則罕有機會再回到江左，所以，雖然他們受到的待遇比一般俘虜爲高，卻未眞正

〔註12〕 據《魏書》，卷9〈孝明帝紀〉：正光年號，實自其年（520）七月辛卯，至六年（525）六月癸未改元「孝昌」，然史書所謂「末年」，通常並不包括年號改易那年，故「正光末」應指正光五年（524）。

〔註13〕 《魏書》，卷55〈游明根附子肇傳〉，頁606。

〔註14〕 《魏書》，卷8〈世宗紀〉：景明三年（502），「八月癸卯，蕭寶融鎮南大將軍、江州刺史陳伯之遣使請降」；正始三年（506），「庚寅，平南將軍、曲江縣開國公陳伯之自梁城南奔」。

推促南北雙方的交流。能進行深度交流的人士，其實是少數以個人身份往返兩國的流亡份子。

一、宣武帝以來羈北南人的際遇

在本節所論這四十年間，南北各有不少因政治因素而導致的亡命事件。一些隻身投奔敵國的人士，尤其是地位較高的貴冑，不僅會前往敵國首都，甚至會與對方領導階層發生較多互動，對於南北間的交流甚至超過正式聘問。

南朝方面，以蕭齊末年鄱陽王蕭寶寅最受北魏重視。在國亡命危之際，蕭寶寅逃離江左，理所當然。另外，進入蕭梁時期以後，部份人士則以頗為荒謬的理由投奔北魏，例如《梁書》卷五十五〈臨賀王蕭正德傳〉載：

> 初，高祖未有男，養之為子，及高祖踐極，便希儲貳。後立昭明太子，封（蕭）正德為西豐侯，邑五百戶，自此怨望，恒懷不軌，睥睨宮宸，覬幸災變。普通六年，以黃門侍郎為輕車將軍，置佐史。頃之，遂逃奔于魏，……七年，又自魏逃歸，高祖不之過也。〔註15〕

梁武帝尚未生男時，收蕭正德為養子。後來，蕭統出生，更被立為太子，蕭正德被冊封為儲君的希望落空，怨忿之餘便投奔於北魏，而北魏政府未加禮遇，只得再逃歸南方。〔註16〕蕭正德往返南北的原因既非政治迫害，亦與性命絕續無關，來去之間看似十分輕易，兩國政府亦未嚴加處理，近乎兒戲。《魏書》同卷〈蕭寶寅傳〉記載，早已歸附北魏的蕭寶寅，為了此事上表非議，是北魏政府冷落蕭正德的原因之一。不過，即使蕭寶寅本人，「及至京師，世宗禮之甚重」，受到的待遇頗高，「猶不及劉昶之優隆也」，整體而言，宣武帝一朝以來的歸附南人受到的重視已不及孝文帝時期。

北魏孝明帝孝昌元年（525），蕭綜亦以極荒謬的理由叛梁，與蕭正德相比可謂不遑多讓。據《梁書》卷五十五〈豫章王蕭綜〉所述，「其母吳淑媛自齊東昏宮得幸於高祖，七月而生（蕭）綜，宮中多疑之者，及淑媛寵衰怨望，遂陳疑似之說」，而蕭綜即因母親的疑似之說，自認是齊廢帝東昏侯蕭

〔註15〕據《梁書》，卷3〈武帝紀下〉，蕭正德奔魏，應在普通二年（521）十月，而《通鑑》繫於普通三年（522），可能是就其到達北魏而言。此一時期往返雙方首都的南朝人士不多，而蕭正德在洛陽約待了五年，更是時間最久的一位。

〔註16〕《魏書》，卷59〈蕭正表傳〉亦載：「正德私懷忿憾。正光三年（522），背衍奔洛，朝廷以其人才庸劣，不加禮待。尋逃歸。」

寶卷的遺腹子，因而私下遣使至北魏，認蕭寶寅爲叔父，並在戰場上投敵。
在他降魏的同時，原本的屬下淪爲俘虜，《梁書》卷三十六〈江革傳〉載：

> （江）革被敕隨府王鎮彭城。城既失守，革素不便馬，乃泛舟而還，
> 途經下邳，遂爲魏人所執。魏徐州刺史元延明聞革才名，厚加接待，
> 革稱患腳不拜，延明將加害焉，見革辭色嚴正，更相敬重。時祖暅
> 同被拘執，延明使暅作〈欹器〉、〈漏刻銘〉，革罵暅曰：「卿荷國厚
> 恩，已無報答，今乃爲虜立銘，孤負朝廷。」延明聞之，乃令革作
> 〈丈八寺碑〉並〈祭彭祖文〉，革辭以囚執既久，無復心思。延明
> 逼之逾苦，將加箠撲。革屬色而言曰：「江革行年六十，不能殺身
> 報主，今日得死爲幸，誓不爲人執筆。」延明知不可屈，乃止。日
> 給脫粟三升，僅餘性命。值魏主請中山王元略反北，乃放革及祖暅
> 還朝。詔曰：「前貞威將軍、鎮北長史、廣陵太守江革，才思通贍，
> 出內有聞，在朝正色，臨危不撓，首佐台鉉，實允僉諧，可太尉臨
> 川王長史。」〔註17〕

比起過去的青、徐俘虜，江革與祖暅之並未被授予官職，作爲北魏善待南人
的象徵，然而安豐王元延明要求他們寫作銘文、碑文，顯示當時北魏人士不
分胡漢種族，皆對南朝的文學頗爲傾慕。元延明指定的題名〈欹器〉、〈漏刻
銘〉、〈丈八寺碑〉與〈祭彭祖文〉等，亦可看出當時鮮卑貴族的廣泛文化興
趣。

　　另一方面，蕭寶寅與蕭綜因爲具有南朝宗室身份，在政治上所受待遇較
高，甚至被委以軍事職權，但在文化上對北魏的助益，卻不及過去的平齊民
或王肅等人，這個現象反映出北魏此時的漢文化水準大爲提高，因此那些不
具真材實學的江左人士，已經無法給予北方新的刺激。

　　宣武帝以後，歸附北魏的南方人士，不僅在待遇上略遜於獻文帝時期，
實際上受到重用的人數更遠不如孝文帝一朝。羈北南人所經歷的前後差異，
顯示出此時北魏對南朝漢文化的需求，與過去已大不相同。這種需求反映出
北魏在禮法、制度等基礎層面的漢文化已經穩固，故而對南人的政事才幹或
改革建議，已不再那麼重視，反而對非實務性的文學較感興趣，亦爲一個頗
具指標性質的改變。

〔註17〕 參見《南史》，卷60〈江革傳〉，頁387；《通鑑》，卷第150〈梁紀六·武帝普
　　　　通六年（525）〉，事載其年六月。

二、投南北人與往返兩地者的影響

自靈太后胡氏掌政以來，政爭內鬥頻繁，在北魏末動亂之際，有不少人士投附蕭梁。邊境將官自不待言，甚至包括數位宗室成員，例如：天監五年（506）三月，「魏咸陽王禧之子翼……與其弟昌、曄來奔」；八年，「魏宗正卿元樹來奔，賜爵鄘王」等。

羈北南人曾對北魏的漢化影響甚鉅，此時已見消褪之勢，相對地，投南北人更從未受過同等重視，然而梁武帝對投奔江左的北魏宗室成員之厚遇，亦可謂前所未見。上述北魏放還江革與祖暅之以換回的元略，即受過梁武帝的款待，《魏書》卷十九下〈景穆十二王列傳下・南安王元楨附孫略〉載：

> ……（元）略潛遁江左。蕭衍甚禮敬之，封略爲中山王，邑一千戶，宣城太守。俄而徐州刺史元法僧據城南叛，州內士庶皆爲法僧擁逼。衍乃以略爲大都督，令詣彭城，接誘初附。……衍尋遣其豫章王綜鎮徐州，徵略與法僧同還。略雖在江南，自以家禍，晨夜哭泣，身若居喪。又惡法僧爲人，與法僧言，未嘗一笑。衍復除略衡州刺史，未行。會綜以城歸國，綜長史江革、司馬祖暅、將士五千人悉見擒虜。蕭宗敕有司悉遣革等還南，因以徵略。衍乃備禮遣之。略之將還也，衍爲置酒餞別，賜金銀百斤，衍之百官，悉送別江上，遣其右衛徐確率百餘人送至京師。

孝明帝正光元年（520）八月，元略兄長中山王元熙舉兵，欲誅伐幽禁靈太后而掌權的元义與劉騰等人，行事失敗被殺。元略在危急中南奔，至孝昌二年（526）五月北返，其間不僅受封爲中山王，擁有相當豐厚的俸祿，並被賜予宣城太守、衡州刺史等官職，甚至帶領過軍隊。歸返北魏時，梁武帝亦備以殊禮，隆重地將之送還。元略在南朝的應對言辭表現，《洛陽伽藍記》卷四〈城西・追光寺〉記述更詳：

> （元）略生而岐嶷，幼則老成，博洽群書，好道不倦。神龜中，爲黃門侍郎。元义專政，虐加宰輔。略密與其兄相州刺史中山王熙欲起義兵，問罪君側，雄規不就，釁起同謀。略兄弟四人，並罹塗炭。唯略一身逃命江右。蕭衍素聞略名，見其器度寬雅，文學優贍（贍），甚敬重之，謂曰：「洛中如王者幾人？」略對曰：「臣在本朝之日，承乏攝官。至於宗廟之美，百官之富，駕鸞接翼，杞梓成陰，如臣之比，趙咨所云：車載斗量，不可數盡。」衍大笑，乃封略爲中山

王，食邑千戶，儀比王子；又除宣城太守，給鼓吹一部，劍卒千人。
略爲政清肅，甚有治聲。江東朝貴，侈於矜尚，見略入朝，莫不憚
其進止。尋遷信武將軍、衡州刺史。孝昌元年，明帝宥吳人江革，
請略歸國。江革者，蕭衍之大將也。蕭衍謂曰：「朕寧失江革，不得
無王。」略曰：「臣遭家禍難，白骨未收。乞還本朝，敍錄存沒。」
因即悲泣，衍哀而遣之。乃賜錢五百萬、金二百斤、銀五百斤、錦
繡寶玩之物不可稱數。親帥百官送於江上，作五言詩贈者百餘人。
凡見禮敬如親比。略始濟淮，明帝拜略侍中，義陽王，食邑千戶。
略至闕……尋進尚書令、儀同三司，領國子祭酒，侍中如故。略從
容閑雅，本自天資，出南入北，轉復高邁，言論動止，朝野師模。

梁武帝曾詢問元略北魏人才的多寡，此類提問屢見於外交場合，而元略的回
覆亦不遜於優秀使節，於談吐間抬高了本國形象。元略因「器度寬雅，文學
優贍」獲得梁武帝的敬重，說明此時北方人士的風采氣量及學術識見，已可
受到南方君臣的肯定。在這出南入北的過程裏，元略受到江左文化的浸染，
回到故鄉之後，其舉止動靜皆成爲人們學習模仿的典範，意外地成爲南北交
流的橋樑，亦可見北魏對南朝風氣的嚮往。

　　另一方面，這位回國後被孝明帝與靈太后加官封王，並以「曹植能文，
大啓陳國」喻之的北魏宗室，《魏書》卻用略帶貶損的語氣稱其「才氣劣於
（元）熙，而有和邃之譽」，〔註 18〕意謂元略勝在風儀氣度之上，但文才則
遜於善作五言詩的兄長元熙。如先前引文所述，元略在面對百餘位蕭梁君臣
踐行時，〔註 19〕似乎沒有回應相和，因此很可能無法即席創作。

　　北魏末年，尒朱榮入洛，河陰之亂造成更多宗室流亡，《魏書》卷十〈孝
莊紀〉記錄武泰元年（528）四月：

汝南王悅、北海王顥、臨淮王彧前後奔蕭衍，郢州刺史元顯達據城
南叛。

其中，臨淮王元彧的才學、談吐與姿儀，都頗爲當世稱美，〔註 20〕《魏書》
卷十八〈太武五王列傳臨淮王拓拔譚附曾孫元彧〉載：

〔註 18〕　《魏書》，卷 19 下〈景穆十二王列傳下·南安王元楨附孫略〉，頁 257。
〔註 19〕　《梁書》，卷 50〈文學下·謝徵傳〉亦載：「時魏中山王元略還北，高祖餞於
　　　　　武德殿，賦詩三十韻，限三刻成」。
〔註 20〕　參見《洛陽伽藍記》，卷 4〈城西·法雲寺〉，頁 201～202 所載元彧的相關活
　　　　　動。

……（元）彧，字文若，紹封。彧少有才學，時譽甚美。侍中崔光見彧，退而謂人曰：「黑頭三公，當此人也。」少與從兄安豐王延明、中山王熙並以宗室博古文學齊名，時人莫能定其優劣。尚書郎范陽盧道將謂吏部清河崔休曰：「三人才學雖無優劣，然安豐少於造次，中山皁白太多，未若濟南風流沉雅。」時人為之語曰：「三王楚琳琅，未若濟南備圓方。」彧姿制閑裕，吐發流靡，琅邪王誦有名人也，見之未嘗不心醉忘疲。拜前軍將軍、中書侍郎。奏郊廟歌辭，時稱其美。除給事黃門侍郎。……會尒朱榮入洛，殺害元氏。彧撫膺慟哭，遂奔蕭衍。衍遣其舍人陳建孫迎接，并觀彧為人。建孫還報，稱彧風神閑俊。衍亦先聞名，深相器待，見彧於樂遊園，因設宴樂。彧聞樂聲，獻欷，涕淚交下，悲感傍人，衍為之不樂。自前後奔叛，皆希旨稱魏為「偽」，唯彧上表啟，常云「魏臨淮王」。衍體彧雅性，不以為責。及知莊帝踐阼，彧以母老請還，辭旨懇切。衍惜其人才，又難違其意，遣其僕射徐勉私勸彧曰：「昔王陵在漢，姜維相蜀，在所成名，何必本土？」彧曰：「死猶願北，況於生也？」衍乃以禮遣。……彧美風韻，善進止，衣冠之下，雅有容則。博覽群書，不為章句。所著文藻雖多亡失，猶有傳於世者。

元彧與安豐王元延明、中山王元熙齊名，然從當時的評議看來，其才學實屬三人之首。元彧雖逃亡託庇於蕭梁，卻不願意隨俗而稱祖國為「偽」政權，他對祖國的留戀雖使梁武帝不豫，仍給予相當優渥的待遇。由《魏書》的記載裏，可以看出北魏當時已產生月旦人物的風氣，尚書郎范陽盧道將對元彧等三王的論斷，與南朝清談的內容頗為近似，而元彧因「姿制閑裕，吐發流靡」，使人「見之未嘗不心醉忘疲」，同樣也是江左名士之佳話的翻版，顯示出北魏末年的社會接受南朝文化的影響更深，起碼改變了皇室及朝臣的審美價值及互動模式。

三年之後，前廢帝於普泰元年「詔有司不得復稱『偽』梁，罷細作之條，無禁鄰國往還」，〔註21〕敵我稱謂的調整，表現出南北兩國相互尊重的態度，自然有其時代意義。

又如《魏書》卷二十一上〈獻文六王列傳上·北海王元詳附子顥〉云：「顥以事意不諧，遂與子冠受率左右奔於蕭衍。顥見衍，泣涕自陳，言辭壯

〔註21〕《魏書》，卷 11〈廢出三帝紀·前廢帝廣陵王（節閔帝元恭）〉，頁 151。

烈，衍奇之」，敘述元顥以剛雄的言辭，爲梁武帝所稱奇。然而，**觀覽其生平事跡，**元顥的文學詞采並無特出之處，故此例或許反映出南北兩國之語言風格的差異。

　　除了宗室諸王，當時也有其他北魏著名文人止亡江左，例如《魏書》卷九十三〈恩倖傳・徐紇〉載：

> 徐紇，字武伯，樂安博昌人也。家世寒微。紇少好學，有名理，頗以文詞見稱。察孝廉，對策上第，高祖拔爲主書。世宗初，除中書舍人。……太傅、清河王懌又以文翰待之。……靈太后反政，以紇曾爲懌所顧待，復起爲中書舍人。紇又曲事鄭儼，是以特被信任。俄遷給事黃門侍郎，仍領舍人，總攝中書門下之事，軍國詔命，莫不由之。時有急速，令數友執筆，或行或臥，人別占之，造次俱成，不失事理，雖無雅裁，亦可通情。時黃門侍郎太原王遵業、琅邪王誦並稱文學，亦不免爲紇秉筆，求其指授。……紇機辯有智數。當公斷決，終日不以爲勞。長直禁中，略無休息。時復與沙門講論，或分宵達曙，而心力無怠，道、俗歎服之。然性浮動，慕權利，外似謇正，內實諂諛。時豪勝己，必相陵駕；書生貧士，矯意禮之。其詭態若此，有識鄙薄焉。紇既處腹心，參斷機密，勢傾一時，遠近塡湊。與鄭儼、李神軌寵任相亞，時稱「徐、鄭」焉。……文筆駁論數十卷，多有遺落，時或存於世焉。

孝文帝時期，徐紇以文詞見著於世，其人靈巧善辯，兼擅文筆駁論等各種書寫體式，由其事蹟來看，對佛理亦應頗有研究。在尒朱榮河陰之變前，極受靈太后寵信，與過去北魏代表性文人如崔宏、高允等同樣總攝軍國詔命，更「權傾一時」、「勢動內外」〔註22〕，對朝政的影響頗鉅。徐紇與「以才學擅美一時」的徐龥並列，並和北地其他文壇人士交好，而王遵業、王誦等人尚且求其指導，〔註23〕可說是「北地三才」之前具有領導地位的文人。然而，徐紇投奔蕭梁後卻沒有引起太多注意，未能使蕭梁君臣對北人的文學素養刮目相看，對南北文化的交流幫助有限。

　　此時逃亡至江左的北人，將國內逐漸提高的文化水準展現出來，在一定

〔註22〕《魏書》，卷93〈恩倖傳・鄭儼〉，頁201～202。
〔註23〕《魏書》，卷69〈袁龥傳〉，頁771；卷82〈常景傳〉，頁898；卷85〈文苑傳・溫子昇〉，頁933。

程度上減弱了南人長久以來的成見，但尚未能徹底改變各種既定觀感，大致而言，還是處於相對弱勢的狀態。

歸附北魏的南人，無法將北魏的文化情況傳達給故國知道；亡命蕭梁的北魏人士，亦不足以改變江左對北魏的偏見。那麼，曾往返兩地的南人是否能夠促進蕭梁對北魏的瞭解呢？首先，人數即為最大的問題，當時能前往北魏並再復歸江左的例子，少之又少。再者，北魏國內的漢化程度有極大的區域差異，因此只有那些曾經到過洛陽等地的人士，才能將北魏努力的成果轉述給蕭梁君臣。

先前提及的江革與祖暅之，雖受北魏青州刺史元延明的重視，未必到過洛陽；元略北還，梁武帝「遣其右衛徐確率百餘人送至京師」，然而，徐確及其所率部眾的官階不高，人微言輕，亦不易影響國內原來的看法。在蕭梁時期，曾往返南北首都的知名人物，只有蕭正德一人，然他在北魏未受禮遇，對其漢化狀況的認知可能有限。

大通元年（529），梁武帝派陳慶之領軍，護送魏北海王元顥返國，並建立傀儡政權。《梁書》卷三十二〈陳慶之傳〉載：

> 大通初，魏北海王元顥以本朝大亂，自拔來降，求立為魏主。高祖納之，以慶之為假節、飈勇將軍，送元顥還北。顥於渙水即魏帝號⋯⋯。魏主元子攸懼，奔并州。其臨淮王元彧、安豐王元延明率百僚，封府庫，備法駕，奉迎顥入洛陽宮，御前殿，改元大赦。顥以慶之為侍中、車騎大將軍、左光祿大夫，增邑萬戶。⋯⋯顥既得志，荒于酒色，乃日夜宴樂，不復視事，與安豐、臨淮共立姦計，將背朝恩，絕賓貢之禮；直以時事未安，且資慶之之力用，外同內異，言多忌刻。⋯⋯魏天柱將軍尒朱榮、右僕射尒朱世隆、大都督元天穆、驃騎將軍尒朱吐沒兒、榮長史高歡、鮮卑、芮芮，勒眾號百萬，挾魏主元子攸來攻顥。顥據洛陽六十五日，凡所得城，一時反叛。⋯⋯洛陽陷。慶之馬步數千，結陣東反，榮親自來追，值嵩高山水洪溢，軍人死散。慶之乃落鬚髮為沙門，間行至豫州，豫州人程道雍等潛送出汝陰。至都，仍以功除右衛將軍，封永興縣侯，邑一千五百戶。

陳慶之率領部隊順利完成任務，卻因北魏君臣猜忌、本國支援不繼等因素而功虧一簣。不過，在這段史事中，蕭梁協助元顥建立藩屬層級的政權，兩方

關係密切，並曾有數次下詔、上表等公文往返，在南北外交近乎斷絕的時期，保持了難得的聯繫。〔註24〕關於陳慶之在洛陽時與北魏人士的互動，《洛陽伽藍記》卷二〈城東·景寧寺〉載：

> 永安二年，蕭衍遣主書陳慶之送北海入洛陽僭帝位，慶之為侍中。（張）景仁在南之日，與慶之有舊，遂設酒引邀慶之過宅，司農卿蕭彪、尚書右丞張嵩並在其坐。彪亦是南人，唯有中大夫楊元慎、給事中大夫王昫，是中原士族。慶之因醉謂蕭、張等曰：「魏朝甚盛，猶曰五胡。正朔相承，當在江左。秦皇玉璽今在梁朝。」元慎正色曰：「江左假息，僻居一隅，地多濕墊，攢育蟲蟻，疆土瘴癘，蛙黽共穴，人鳥同群，短髮之君無杼首之貌，文身之民稟蕞陋之質。浮於三江，棹於五湖，禮樂所不沾，憲章弗能革。雖復秦餘漢罪，雜以華音，復閩楚難言，不可改變。雖立君臣，上慢下暴。是以劉劭殺父於前，休龍淫母於後，見逆人倫，禽獸不異。加以山陰請婿賣夫，朋淫於家，不顧譏笑，卿沐其遺風，未沾禮化，所謂陽翟之民不知瘿之為醜。我魏膺籙受圖，定鼎嵩洛，五山為鎮，四海為家。移風易俗之典，與五帝而並跡，禮樂憲章之盛，凌百王而獨高，豈卿魚鱉之徒？慕義來朝，飲我池水、啄我稻梁，何為不遜，以至於此？」慶之等見元慎清詞雅句，縱橫奔發，杜口流汗。

此篇問答，不遜於外交使節面對邦國的應對，而以北魏的楊元慎大獲全勝。楊元慎從地理條件、文化傳統、風俗禮教等角度切入，侃侃議論南北兩國的優劣，最後再以主方的恩情來質疑賓客陳慶之的心態，言詞雄辯文雅，對《莊子》等書的典故及南朝時事甚為熟稔，〔註25〕使得陳慶之毫無反駁餘地。楊元慎的話語所顯示出的文化自信，正是昔日五胡政權對抗南方政權

〔註24〕《洛陽伽藍記》，卷2〈平等寺〉云：「北海大敗，所將江淮子弟五千盡被俘虜，無一得還」。

〔註25〕《魏書》，卷95〈序〉，頁1011，聲言欲南征江左，亦指稱：「南則蠢蠢蛙黽，暴鯨鯢，變水處之文身，化鳥言於人俗矣」。然此類貶低南方的話語亦非拓拔魏士人首創，一個世紀以前，十六國士人已然如此，例如《晉書》，卷112〈苻生載記〉，頁1865，記載東晉穆帝永和十二年（356），前秦參軍閻負、梁殊出使前涼，面對涼州牧張瓘拒絕稱臣，欲移禍江東的說詞，閻負、梁殊即損抑東晉：「文身之俗，負阻江山，道洿先叛，化盛後賓，自古而然，豈但今也」；卷128〈慕容超載記〉，頁2041，記載晉安帝義熙五年（409）南燕末年，在面臨劉裕大軍時，皇族慕容鎮亦對漢族員官韓□曰：「今年國滅，吾必死之，卿等中華之士，復為文身矣」。

的重現。另外，《洛陽伽藍記》稱蕭彪、陳慶之為南人，並強調楊元慎是中原士族，也直接點明北魏的正統位置。

《洛陽伽藍記》卷二〈城東‧景寧寺〉又記載陳慶之返回江左後，對北人心悅誠服，並將北魏文化傳播於南朝：

> 北海尋伏誅。其慶之還奔蕭衍，用為司州刺史，欽重北人，特異於常。朱异怪復問之。曰：「自晉宋以來，號洛陽為荒土，此中謂長江以北，盡是夷狄。昨至洛陽，始知衣冠士族並在中原；禮儀富盛，人物殷富，目所不識，口不能傳。所謂帝京翼翼，四方之則；始登泰山者卑培塿，涉江海者小湘沅。北人安可不重？」慶之因此羽儀服式，悉如魏法。江表庶士，競相模倣，褒衣博帶，被及緗綾。

陳慶之很可能在回國之後仍維持了些許北地習氣，然是否於南方造成模仿的風潮？此段話語的真實性頗值得懷疑。陳慶之率軍隊以武力入洛，正是北魏發生內亂，兵馬倥傯之時，按理應該不易見識到比昔日南北外交更高規格的禮儀，但他曾受元顥封為侍中、車騎大將軍，增邑萬戶，擁有確實的官位俸祿，受到的影響或許比隨時準備離開的一般使節更大。

回溯當時的歷史背景，北海王元顥逃亡蕭梁，乃因尒朱榮殺害靈太后，策動河陰之變。變亂發生以後，「王公卿士皆斂手就戮，死者千三百餘人，皇弟、皇兄並亦見害，……人情駭震，京邑士子不一存，率皆逃竄，無敢出者」，不僅大量菁英階層人士遭到屠殺，逃亡者更不計其數。倖免於難者，亦積極離開洛陽，「朝士多求出外」，〔註26〕導致朝廷侍衛不足，官員懸缺，連政務都無法正常運作，直到高歡家族掌政才稍見恢復。〔註27〕同時，羯族出身的尒朱榮專權，帶入極強的非漢習俗。河陰之變發生於北魏武泰元年（528）四月，相隔不到半年，護送元顥的蕭梁軍隊即在十月入魏，次年五月抵達洛陽，魏孝莊帝已狼狽出奔，〔註28〕因此陳慶之在洛陽所看到的便是殘破景象，面對的亦是劫餘人物，據此推論，陳慶之以征服者的身分卻對俘虜大加欽服，

〔註26〕《魏書》，卷45〈辛紹先附曾孫匡傳〉，頁512。

〔註27〕《魏書》，卷74〈尒朱榮傳〉：「直衛空虛，官守廢曠，……自茲已後，贈終叨濫，庸人賤品，動至大官，為識者所不貴。武定中，齊文襄王始革其失」。必須注意的是，魏收身為北齊臣子，對皇室高家領袖在魏末的行為多有溢美之言，不可盡信。

〔註28〕《魏書》，卷10〈孝莊紀〉，詔曰：「河陰之役，安忍無親。王公卿士，一朝塗地，宗戚靡遺，內外俱盡」。又，以「狼狽」形容孝莊帝出奔，出自溫子昇之口，見《魏書》，卷85〈文苑傳‧溫子昇〉，頁933。

實在有違情理。

《洛陽伽藍記》聲言江左人士倣效北魏的風潮，大概是基於雙方服飾相似的片面之詞。北魏自孝文帝禁胡服開始，至此不過三十餘載，而當年主持制定服裝的官員，即為來自南朝的劉昶、蔣少游等人。因此，極有可能是雙方長久斷交，如今已習於漢服的北人乍見本國過去所模仿的南朝服制，倒因為果、以本為末，反而以為對方摹仿自己。〔註29〕

《洛陽伽藍記》曾指稱劉澄之、戴延之「生在江表，未游中土，假因征役，暫來經過，至於舊事，多非親覽，聞諸道路，便為穿鑿」〔註30〕，譏嘲江左人士乍到北方，偶遊略聞，載錄的事物不盡情實。同樣地，北朝人士生在中原，對南朝諸事亦不免道聽塗說，而前述引文裏如楊元慎等被記述的角色，以及記述者楊衒之本人，皆「生在中土，未游江表」，連「暫來經過」的淺薄經歷亦付之闕如，談論起南方的變動，又何嘗沒有穿鑿附會的疑慮？此段話語主要在製造南朝對北魏政權及文化認同的假象。

由此觀之，類似言論極可能是北魏立國以來，與南朝戰爭最嚴重一次失利的情形下，部份人士追求的精神補償。諷刺的是，自北魏太武帝與劉宋文帝之後，這類精神勝利式的記述，幾乎都是文化居於優位的南朝受到軍事挫敗時，才進行的自我安慰。如今，北魏在文化上仍處劣勢，雷同的敘述只顯得捉襟見肘，漏洞百出。不過，北魏因為實施漢化，使得衣冠禮儀與南方的差距不再那麼明顯，而且文學及談辯盛行，面對南朝人士的質疑也不再像過去那樣毫無招架之力。再加上如前所述，北魏中晚期的外交通暢，又將歸附的南朝人士與其他外邦人集中在同一區，長時間下來，使得北魏對南朝的觀感也產生變易，習慣將之矮化。〔註31〕「斷髮文身」也好，「悉如魏法」也好，這種不符事實的指陳，比起過去北人簡略譏嘲南人為「島夷」，都添附了典故，也多出了驕傲，反映出北朝的漢文化水準和文化自信心，不再如同過去那麼脆弱不堪。

〔註29〕　林文月於〈洛陽伽藍記的冷筆與熱筆〉一文亦曾提出質疑，見於《台大中文學報》，1985 年 11 月，第 1 期，頁 105～137。另外，劉學銚指出：「漢人服飾本身有『胡化』之傾向」，楊衒之可以以南朝微小的變化刻意附會於陳慶之，並加上政治與文化認同意味。參考：劉學銚，《五胡史論》（台北：南天書局有限公司，2001 年 10 月），頁 300～302。

〔註30〕　《洛陽伽藍記》，卷 2〈城東·明懸尼寺〉，頁 73。

〔註31〕　參考《洛陽伽藍記》，卷 3〈城南·龍華寺〉中所記蕭綜入魏後，恥於住在四夷里，和北魏士人譏諷住在城南之人。

　　反過來看，楊衒之在汲汲記述楊元愼雄辯的同時，亦顯示了南朝人士對北魏的態度：即使身爲蕭梁武將的陳慶之，都不免視北魏爲「夷狄之鄉荒土」而心存輕蔑，則那些江左名士的成見恐怕只會更加強烈。陳慶之雖爲一位名將，文化素養畢竟不夠深厚，其言行也很難讓其他南朝人士信服，由此大致可以判斷他所沾染的北地風氣，對國內影響相當有限。〔註 32〕整體來說，直至東魏初年，南人仍習慣鄙薄北人，並沒有產生太大改變。

第三節　東魏與蕭梁：平等競爭下不均等的心態

　　南北雙方的外交，在北魏派遣劉善明至蕭梁之後又告中斷，此後兩國政府不再有過正式往來。北魏分裂爲東西兩魏，西魏率先與南朝進行官方接觸，然而，西魏使節趙剛僅出使至梁州，目的在齎致移書，並未前往蕭梁首都建康，兩國亦未就此建立常態性的交流。反倒是稍晚才與南朝展開聯繫的東魏，和蕭梁建立了長久而穩定的互動關係，其間的文化交流與競爭，也最符合後人遙想的盛況。

一、東魏使節的優異表現及選使標準的調整

（一）東魏使節的優異表現

　　蕭梁與東魏之間被清楚記載下來的正式外交，以天平四年（537）爲最早。《魏書》卷十二〈孝靜紀〉云：

> 先是，蕭衍因益州刺史傅和請通好。秋七月甲辰，遣兼散騎常侍李
> 諧、兼吏部郎中盧元明、兼通直散騎常侍李鄴使于蕭衍。

此次外交，登錄於帝紀的使節即有三人，是歷來極爲罕見的狀況，而《魏書》對其任務之中的言談，亦於使節本傳中詳細記載。卷六十五〈李平附子諧傳〉敘述：

> 蕭衍求通和好，朝廷盛選行人，以諧兼散騎常侍，爲聘使主。諧至

〔註 32〕此事《魏書》、《梁書》等正史均不載。《通鑑》僅保留最後：「慶之自魏還，特重北人」一小段。另外，《梁書》，卷 33〈陳慶之傳〉載：「第五子（陳）昕，字君章。七歲能騎射。十二隨父入洛，於路遇疾，還京師。諧鴻臚卿朱异，异訪北間形勢，昕聚土畫地，指麾分別，异甚奇之」，除了陳慶之，其子陳昕也曾被問到北方情況，但並未論及文化，陳昕於半路因病而還，可能也沒有進入洛陽。

石頭，蕭衍遣其主客郎范胥當接。……蕭衍親問諧曰：「魏朝人士，
德行四科之徒凡有幾人？」諧對曰：「本朝多士，義等如林，文武賢
才，布在列位，四科之美，非無其人，庸短造次，無以備啟。」衍
曰：「武王有亂臣十人，魏雖人物之盛，豈得頓如卿言？」諧曰：「愚
謂周稱十人，本舉佐命，至於『濟濟多士』，實是文王之詩。皇朝廊
廟之才，足與周人有競。」衍曰：「若爾，文足標異、武有冠絕者，
便可指陳。」諧曰：「大丞相勃海王秉文經武，左右皇極，畫一九州，
懸衡四海。錄尚書、汝陽王元叔昭、尚書令元世儁，宗室之秀，綰
政朝端。左僕射司馬子如、右僕射高隆之，並時譽民英，戮力匡輔。
侍中高岳、侍中孫騰，勳賢忠亮，宣讚王猷。自餘才美不可具悉。」
衍曰：「故宜輔弼幼主，永固基業，深不可言。」江南稱其才辯。

自東魏首次遣使以後，梁武帝親自接見北使的過程即常見於史書。〔註 33〕對
於梁武帝問及東魏當時的政局與人才，李諧的答覆遣詞精美，時而引經據典，
極有條理地將國內擅長文武的官員介紹給梁武帝，除了將之與孔子四科相比
擬，並強調東魏的政局足以媲美西周盛世。李諧的用語不卑不亢，而梁武帝
的發問也溫和周致，顯現了江左對東魏的善意。

　　在《魏書》卷十二〈孝靜紀〉裏所載述的三位使節裏，兼通直散騎常侍
李鄴並無其他記載，或即李業興。李業興也留下了與李諧類似的記錄，卷八
十四〈儒林傳・李業興〉載述他與蕭梁君臣的應對：

四年，與兼散騎常侍李諧、兼吏部郎盧元明使蕭衍。衍散騎常侍朱
异問業興曰：「魏洛中委粟山是南郊邪？」業興曰：「委粟是圓丘，
非南郊。」异曰：「北間郊、丘異所，是用鄭義。我此中用王義。」
業興曰：「然，洛京郊、丘之處專用鄭解。」异曰：「若然，女子逆
降傍親亦從鄭以不？」業興曰：「此之一事，亦不專從。若卿此間用
王義，除禫應用二十五月，何以王儉喪禮禫用二十七月也？」异遂
不答。……蕭衍親問業興曰：「聞卿善於經義，儒、玄之中何所通達？」
業興曰：「少為書生，止讀五典，至於深義，不辨通釋。」……衍又
曰：「《禮》，原壤之母死，孔子助其沐椁。原壤叩木而歌曰：『久矣

〔註33〕　除了此次的李諧和李業興，之後的魏收等，另如〔唐〕段成式所撰《酉陽雜
　　　　俎》前集・卷三〈貝編〉亦載魏使陸操、李騫與崔劼等見梁武帝，不過並無
　　　　留下詳細對話紀錄。

－209－

夫，予之不託於音也。狸首之班然，執女手之卷然。』孔子聖人，
而與原壤爲友？」業興對：「孔子即自解，言親者不失其爲親，故者
不失其爲故。」……衍又問：「孔子聖人，何以書原壤之事，垂法萬
代？」業興對曰：「此是後人所錄，非孔子自制。猶合葬於防，如此
之類，《禮記》之中動有百數。」衍又問：「《易》曰太極，是有無？」
業興對：「所傳太極是有，素不玄學，何敢輒酬。」……

此處參與對話者，除了梁武帝以外，還有極受寵信的朱异。朱异與李業興圍
繞著兩國的禮制展開攻防，以依從五經與否作爲標準，相互質疑對方的文化
正統，同時也鞏固本國的文化正統。至於梁武帝與李業興的對話則接近一場
口試，主要在測驗東魏使節的學識程度如何，而李業興的表現也相當得體，
維護了國家的尊嚴。值得注意的是，文中記載對話的內容以儒學爲主，然東
魏使節已不再像過去北魏時期般，空有儒學造詣，卻無法在外交場合發揮，
而能把經典裏的知識加以引申轉化，重新編整，使其成爲外交的利器。李業
興名列〈儒林傳〉，傳云「耽思章句，好覽異說」，「後乃博涉百家，圖緯、
風角、天文、占候無不詳練，尤長算歷」，尤其「論難之際，高聲攘振，無
儒者之風」〔註34〕，由此可以看出其行事作風，與過去神䴥徵士至孝文帝朝
初期擔任使節的謙謙儒者們大爲不同，而這正是他不負使命，爲國爭光的原
因之一。

　　另外，東魏首位副使盧元明，雖未留下與李諧、李業興同樣的長篇對談
紀錄，同樣受到蕭梁人士稱讚。自太武帝一朝盧玄開始，范陽盧氏連續四代
各有一成員擔任遠赴南朝的使節，儘管祖父盧度世應對失衷，父親盧昶的表
現更有損國格，卻未中斷盧家的外交事業。《魏書》稱盧元明「涉歷群書，兼
有文義，風彩閒潤，進退可觀」〔註35〕，可見其識見、儀容皆與「風流閑潤，
博學有文辯」〔註36〕的主使李諧相匹配，再加上「耽思章句，好覽異說」的
儒者李業興，三人俱負談辯之能，也應合了南朝的偏好，組成一相輔互補、
面面俱到之使節團。〔註37〕東魏在與蕭梁初通之時即極其慎重，由使節團的

〔註34〕《魏書》，卷84〈儒林傳・李業興〉，頁928。
〔註35〕《魏書》，卷47〈盧玄附曾孫元明傳〉，頁529。又云：「天平中，兼吏部郎中，
　　　　副李諧使蕭衍，南人稱之。」
〔註36〕《魏書》，卷65〈李平附子諧傳〉，頁725。
〔註37〕據〔隋〕陽玠撰；黃大宏校箋，《八代談藪校箋》，〈正編〉，卷下，〈南朝〉，「穆
　　　　子客與范胥對辯」條，頁267～268，穆子客亦爲此次出使者之一。在北魏孝

特色可以窺見一二。

（二）　東魏的選使標準

《北史》卷四十三〈李崇附從孫諧傳〉記述東魏首次選使的情況：

> 天平末，魏欲與梁和好，朝議將以崔㥄爲使主。㥄曰：「文采與識，㥄不推李諧；口煩顱顱，諧乃大勝。」於是以諧兼常侍、盧元明兼吏部郎、李業興兼通直常侍聘焉。……是時鄴下言風流者，以諧及隴西李神儁、范陽盧元明、北海王元景、弘農楊遵彥、清河崔瞻爲首。初通梁國，妙簡行人，神儁位已高，故諧等五人繼踵。

在上述引文裏，原本朝廷審議的使節人選爲崔㥄，主要以其文采與學識作爲擢用標準，但崔㥄獨排眾議，推薦派任李諧爲使節，並詳細區分了學識、文采與口才的差異，明確指出外交活動的需求，認爲必須以口才作爲首要條件，最後獲得朝廷的同意。北魏晚期，清談已逐漸盛行，東魏遷都鄴城以後，此風猶存，並被視爲評價人物的重要指標，也成爲選使的一大參考點，〔註38〕〈李崇附從孫諧傳〉記載當時多位知名的談玄人物，皆先後在政府的任命下遠赴蕭梁。〔註39〕

另外又如崔㥄之子崔瞻，談玄的名聲與盧元明、王元景等人並列，日後亦擔任北齊使節。盧思道曾評曰：「崔瞻文詞之美，實有可稱，但舉世重其風流，所以才華見沒。」〔註40〕指出崔瞻雖文詞豐華，擅於創作，但世人只將目光聚焦於其閒雅的舉止氣度上，以致忽略了他的書寫才華。由盧思道的評

文帝時，已可見以副使才華彌補主使之不足的作法，如今東魏更要求多位使節皆各具長才。

〔註38〕《太平御覽》，卷 615 引《三國典略》載：「東魏崔逞子達挐，年十三，逞令儒者教其說《周易》兩字。乃集朝貴名流，達挐升高坐開講，趙郡睦仲讓陽屈服之，逞大悦，擢仲讓爲司徒中郎。鄴下爲之語曰：『解義兩行得中郎』。」故知東魏以清談選取人材，不限於外交領域。又如《北史》，卷 26〈許彥附五世孫惇傳〉載：許惇「雖久處朝行，歷官清顯，與邢卲、魏收、陽休之、崔劼、徐之才比肩同列，諸人或談說經史，或吟詠詩賦，更相嘲戲，欣笑滿堂，惇不好劇談，又無學術，或坐杜口，或隱几而睡，不爲勝流所重。」由此可見東魏士人平日在國內交游便以清談或吟詠的能力來評議人物，若無相關素養，即使官位再高仍會遭到輕視。

〔註39〕引文中雖云「五人繼踵」，事實上，其中僅有三人眞正在這個時期出使：李諧、盧元明爲首批使節，李昕爲第四次主使（538）。其他二位：楊遵彥出使「遇疾道還，竟不行」，而崔瞻則晚至北齊河清元年（562）才出使，當時江左已易代爲陳，距其他鄴下言風流者出使已二十餘年。

〔註40〕見《北史》，卷 24〈崔逞附六世孫瞻傳〉，頁 239。

論，可以看出北朝士人對於精緻文化各層面，已有更細膩的區分及更深入的認知，並注意到這些層面未必會相輔相成，有時也可能發生相互遮蔽的現象。此類對文化範疇再細加辨別的品評方式，在北魏末年之後較常出現，如《魏書》卷55〈劉廞傳〉載：「出帝於顯陽殿講孝經，廞爲執經，雖訓答論難未能精盡，而風彩音制足有可觀」，亦將經典詮釋、講誦經典的表達藝術分開，顯示北朝士人對漢文化的掌握更加精確。

從北魏太武帝時期獨重儒學，到孝文帝一朝汲汲吸收南朝各種文化，卻難免產生所用非人的狀態，如今的東魏政府，不但能夠理解文學的無用之用，更能針對各種現實需求，將形諸筆墨的文彩及訴諸言詞的辯才分開，使士人在不同的領域各自發揮所長。再者，從東魏首次派遣至蕭梁的官員身份看來，仍反映了家世在當時外交上的影響力──除了在北魏獻文、孝文兩朝之間少數特例以外，家世幾乎是北朝外交官不可或缺的條件，甚至形成一個相當嚴密的用人系統，政府以特定職缺對氏族進行籠絡的傾向，大致沒有改變。相對地，過去僅有高推、許赤虎等少數主使，是因具有談辯能力而被任命的，李諧等人的出線，說明新興的文化風潮也推動了官方事務的改變。

至於北魏時期曾在外交領域佔有獨尊地位的儒學，東魏至北齊的使節以之見稱者並不多見，在李業興之後，僅有李同軌等少數官員深研五經。《魏書》卷八四〈儒林傳・李同軌〉載：

> （李同軌）學綜諸經，多所治誦，兼讀釋氏……。永熙二年，出帝幸平等寺，僧徒講說，敕同軌論難，音韻閑朗，往復可觀……。時廣招儒學，引令預聽。同軌經義素優，辯析兼美……。興和中，兼通直散騎常侍，使蕭衍。衍深耽釋學，遂集名僧於其愛敬、同泰二寺，講涅槃大品經，引同軌預席，衍兼遣其臣並共觀聽。同軌論難久之，道、俗咸以爲善。〔註41〕

李同軌除了長於儒學，亦兼通其他思想範疇，論難辯析的能力十分優越，當他出使南朝時，曾與蕭梁君臣同座觀聽名僧講經。由史書記載看來，佛理似乎也能在外交場合發揮作用，此與南北同時盛行釋學有關。事實上，儒學在這段時期不僅式微，甚至逐漸遭到排除，已無法作爲選使的重要指標。

〔註41〕 《魏書》，卷36〈李順傳〉亦附有李同軌傳，除傳首與傳末文字小異外，內容全同。〔唐〕段成式撰，《酉陽雜俎》，前集，卷1〈禮異〉有「魏使李同軌、陸操聘梁」一事，然《魏書》載陸操於元象元年出使；李同軌出使之年則僅云「興和中」。究竟是日期誤記，或陸操曾二度出使，待考。

　　北魏時代雖然對使節人選進行嚴格篩揀，但即使在全盤漢化的孝文帝一朝，仍無法擺脫南朝人士預存的貶低眼光，最重要的原因還在表達能力不足。這種窘境直到東魏才算真正得到改善，原因之一即是正視了談辯的重要性。清談風氣的興起，使得北朝人的應對能力大幅提升，讓北方積蓄已久的文化能量得到展現的管道，即使原本心存輕視的南人也無法忽略這個轉變，因此，多數東魏使節皆能獲得比北魏使節更多的尊重。

二、南朝對北朝的改觀

　　在北朝文化水準提高的狀況下，蕭梁、東魏－北齊雙方在外交場合的競爭，自然更加激烈，雙方政府高層對此也極為關心。《北史》卷四十三〈李崇附從孫諧傳〉載：

> 既南北通好，務以俊乂相矜，銜命接客，必盡一時之選，無才地者不得與焉。梁使每入，鄴下為之傾動，貴勝子弟盛飾聚觀，禮贈優渥，館門成市。宴日，齊文襄使左右覘之，賓司一言制勝，文襄為之拊掌。魏使至梁，亦如梁使至魏，梁武親與談說，甚相愛重。

此段記錄將東魏時代南北外交的盛況生動地刻劃出來，不僅朝廷對選拔外交人才相當謹慎，外交活動甚至成為眾人矚目的焦點。蕭梁的使節一進入首都，即引起東魏貴冑的注意及熱烈歡迎，在社會中造成聚觀贈禮的風潮，大將軍高澄亦十分重視宴會中談議的勝負，兩國外交已經沒有過去那樣劍拔弩張的氣氛，雙方顯然友好得多。

　　至於東魏使節李諧、李業興與魏收等抵達南朝，梁武帝更親自接見並與他們談論。《北史》卷四十三〈李崇附從孫諧傳〉載：

> 梁武使朱异覘客，异言（李）諧、（盧）元明之美。諧等見，及出，梁武目送之，謂左右曰：「朕今日遇勍敵，卿輩常言北間都無人物，此等何處來？」謂异曰：「過卿所談。」

朱异向梁武帝稱許東魏使節之言行，而梁武帝認為李諧、盧元明實際上比朱异所云更加優秀，令人聯想起前述陳慶之自北魏南返後「欽重北人，特異於常」的態度。北魏末至東魏初，前後不到十年間，蕭梁君臣各自說出的這兩段話，反映了部份南朝人對北朝人的重大改觀。值得重視的是，過去南朝君主偶爾會對某位北朝使者特別優遇，例如游明根、李彪等，但並不表示對敵國全體皆抱持著尊重的態度。但是，蕭梁此時對北方看法的轉變，並不限定

於特定人物或少數群體，而能正視整體的文化水準。

　　不過，從另一角度觀之，先前陳慶之云：「始以為大江以北皆戎狄之鄉」；之後梁武帝曰：「卿輩常言北間都無人物」，意謂在過往南朝君臣的集體想像裏，一致認為北朝乃毫無文化、全無人才的蠻夷之邦，亦反映了北魏長期以來對提昇漢文化所作的各種努力，幾乎無法動搖南朝人士心中固有的刻板印象。

　　梁武帝雖較能尊重北朝，但觀察其任內的南北交流記載，存有許多矛盾之處。《梁書》宣稱蕭衍在蕭齊時期為「竟陵八友」之一，而「八友」中如蕭琛、王融、范雲等，皆曾負責過外交事務，所以年輕時的蕭衍，理應有機會知聞當時北方概況。〔註42〕不過，蕭齊明帝永泰元年三月，北魏孝文帝南征，崔慧景與蕭衍同時領軍抵抗。之後，蕭衍起兵討齊帝東昏侯時，《梁書》卷一〈武帝紀上〉載：

> （永元三年）六月，西臺遣衛尉席闡文勞軍，齋蕭穎胄等議，謂高祖曰：「今頓兵兩岸，不併軍圍郢，定西陽、武昌，取江州，此機已失；莫若請救於魏，與北連和，猶為上策。」高祖謂闡文曰：「……若郢州既拔，席卷沿流，西陽、武昌，自然風靡，何遽分兵散眾，自貽其憂！且丈夫舉動，言靜天步；況擁數州之兵以誅群豎，懸河注火，奚有不滅？豈容北面請救，以自示弱！彼未必能信，徒貽我醜聲。此之下計，何謂上策？」

依《梁書》諸事例顯示，蕭衍對南北局勢頗為理解，在其兄、崔慧景與本人起兵時，對北魏的影響力也相當重視。此時蕭衍即使不能避免將北魏視為夷虜，但無論是輕視或排拒的心態，與多數江左人士對北朝之發展全然無知的情形，畢竟有所差異。一般而言，未曾擔任過外交事務的江左士人，普遍對南北交流與北地風土民情漠不關心，而戰爭局勢又不同於文化層面，即使能夠理解兩國軍政狀況，也未必及於其他範疇，然而梁武帝對北魏的掌握顯然不限於軍政方面的事務。本文上節曾述及，北魏末年，多位宗室親王逃亡至南朝，梁武帝對他們頗為敬重，北朝書籍甚至大肆宣傳，例如《洛陽伽藍記》

〔註42〕「竟陵八友」之說有爭議，然而，部份成員與梁武帝頗為親密，相處言行逾越君臣名份之事，時而可見，例如：二使北魏並接對北使的蕭琛，參見《八代談藪校箋》，〈正編〉，卷下，〈南朝〉，「蘭陵蕭琛應對二則」，頁263～265。

記載的元略、《魏書》記載的元彧等。若果如此，《北史》云蕭梁君臣認為「北間都無人物」，並對東魏使節李諧、李業興與魏收的素質感到訝異，可能是略帶誇張的敘述。

梁武帝看重投奔江左的北魏皇室，與其日後對北方使節的肯定，原不相悖。然而，倘若前事為真，則梁武帝對北使的文化素養即毋需驚訝；反過來說，如果梁武帝對北使的素養之高感到訝異，那麼先前對宗室親王的看重，便與文化無關。換句話說，北魏宗室之所以受到款待，主要因於他們的政治身份，與孝文帝時期崇仰劉宋義陽王劉昶的狀況不同。另外，南北雙方面對前來投奔的敵方皇室成員，在態度上也有差異：北魏亟欲挽留，但蕭梁總是將之放還。總而言之，北魏末年南奔的元姓宗室在江左受到的尊重，極可能不像《洛陽伽藍記》和《魏書》所渲染的那麼高，至於東魏宣揚己方在外交時的各種耀眼成績，亦需詳加細辨，不得單憑舊史聊聊數句便驟下論斷。

更啓人疑竇的是，無論北魏宗室或使節受到南朝尊重之事，都出自北朝書籍的記載。〔註 43〕儘管南北兩方習慣站在自己的立場上誇稱勝利的結果，然而從北魏末年至東魏初期，「南人對北人刮目相看」的記載未免太多，而基本情節往往如出一轍，皆是南朝人士在與北人交談之後立即改變觀感，由輕視轉為敬佩，此類錄述可能有部份是經過修飾的。以梁武帝而言，對北人的贊歎原屬合理，卻何必、又如何能一而再、再三的改觀？

所以，東魏時期此類相似事件大量出現，的確反映了當時北朝文化水準的提升，亦顯示出南朝人士看法的改變，但由每位與南人接觸的北人輪流扮演讓對方刮目相看的角色，其實也透露出一種迫不及待想獲得對方肯定的氣氛，這些記事往往真假摻半，甚至自相矛盾。相對地，南朝方面便不太需要傳述或捏造這類事件，〔註 44〕兩相比較，仍反襯出南北地位的差距，亦側面照映出北朝的自卑心理和南朝人的輕視心態，一時難以全然洗刷。

〔註43〕除了北朝人士所撰之書，也包含隋、唐人士的著作，按理不會刻意偏袒北朝。倘若如此，隋、唐人士所修的南朝史書，也應該大量記述此類南朝人士對北朝改觀之事例，然事實上卻極其罕見。或許因為後人修史時承襲的既有史料已產生南北差異，才會造成這種現象。

〔註44〕《梁書》、《陳書》與《南史》皆為後世所修撰，然而對歷來擔任外交官員者的相關記述，依舊簡略。雖不像〔梁〕沈約《宋書》般幾乎無記載，亦多僅一語帶過。此種情形，與北方史書之詳細記載的落差明顯。至於未以特定朝代或立場修撰的非正史，如《八代談藪》、《三國典略》與《酉陽雜俎》等，對南朝使節對話的記載稍多。

三、蕭梁使節的素質

前引《北史》「銜命接客，必盡一時之選，無才地者不得與焉」的敘述，主要描繪東魏方面的狀態，基本上是個概略的說明，關於當時南北外交的眞貌，實有再仔細探究的必要。

首先是南北雙方的落差。東魏方面，初期選派的人員大致符合此一描述，然考察蕭梁方面初期任命使節的情形，並沒有立刻呈現相應的熱切與謹慎。東魏李諧、盧元明和李業興等如此堅強的陣容來訪後，代表蕭梁回聘的張皋、劉孝儀和崔曉中，僅劉孝儀一人「工屬文」〔註45〕，其餘兩人皆非才高名顯之士，即使是劉孝儀，其出使經歷在《梁書》本傳中亦只一語帶過，未加詳述。另一方面，朝廷原本屬意派遣名揚聲斐的江總與徐陵出使，但卻遭到推辭，〔註46〕可見宋、齊以來，南朝上下對北方態度不一的現象至此仍然持續。

《魏書》卷九十八〈島夷蕭衍傳〉集中地記載大部份的蕭梁使節，爲求明晰，筆者將之加以編號：

> 先是，益州刺史傅和以城降衍，衍資送和，令申意於齊獻武王（高歡），求通交好，王志綏邊遠，乃請許之。四年冬，衍遣其（1）散騎常侍張皋、（2）通直常侍劉孝儀、（3）通直常侍崔曉朝貢。二年夏，又遣（4）散騎常侍沈山卿、（5）通直常侍劉研朝貢。興和二年春，又遣（6）散騎常侍柳豹、（7）通直常侍劉景彥朝貢。其年冬，又遣（8）散騎常侍陸晏子、（9）通直常侍沈景徽朝貢。是年，衍改號大同。三年夏，又遣（10）散騎常侍少遐、（11）通直郎謝藻朝貢。四年春，又遣（12）散騎常侍袁狃、（13）通直常侍賀文發朝貢。其年冬，又遣（14）散騎常侍劉孝勝、（15）通直常侍謝景朝貢。武定元年夏，又遣（16）散騎常侍沈眾、（17）通直常侍殷德卿朝貢。其年冬，又遣（18）散騎常侍蕭確、（19）通直常侍陸緬朝貢。三年秋，又遣（20）散騎常侍徐君房、（21）通直常侍庾信朝貢。四年夏，又遣（22）散騎常侍蕭瑳、（23）通直常侍賀

〔註45〕《梁書》，卷41〈劉潛傳〉。蕭梁初期派任的聘使與東魏並不相稱，可參考蔡宗憲：《中古前期的交聘與南北互動》，第三章〈南北朝的聘使與主客〉，頁213～215。

〔註46〕《陳書》，卷27〈江總傳〉：「及魏國通好，敕以總及徐陵攝官報聘，總以疾不行」，而徐陵此時亦未出使，而晚至十餘年後梁末才成行。

德瑒朝貢。五年春，又遣（24）散騎常侍謝藺、（25）通直常侍鮑
至朝貢。朝廷亦遣使報之。十餘年間，南境寧息。

包括張皋等三人在內，這段紀錄共包含了二十五位南朝使節。另外，侯景之
亂前，可考的使節還有（26）羊珍孫、（27）謝珽和（28）徐陵，也有數次使
節的姓名不詳。將諸人名姓逐一細考於南北朝正史，可發現其中才名顯著的
文士所佔比例偏低。以下大致分為四類：

（一）除外交相關事件，未再另見其名者，有（1）張皋（3）崔曉（9）
　　　沈景徽（17）殷德卿（26）羊珍孫（27）謝珽。〔註47〕

（二）在史書其餘篇章被附帶提及，然僅知其官位者，有（4）沈山卿（5）
　　　劉研（8）陸晏子〔註48〕（11）謝藻（12）袁狎（15）謝景（19）
　　　陸緬（20）徐君房（22）蕭瑳（25）鮑至。〔註49〕

（三）附於他人傳記中，而稍見生平記載者：（10）明少遐（13）賀文發
　　　（18）蕭確。

（四）本人有傳記者：（2）劉孝儀（14）劉孝勝（16）沈眾（21）庾信
　　　（23）賀德瑒（24）謝藺（28）徐陵。

如此，二十八位南朝使節裏，只有第四類中的七人，真正可稱得上才氣
及名氣俱全；第三類明少遐、賀文發和蕭瑳事功不顯，然被史書稱為「有名
於當世」。嚴格來說，這些較知名的士人也不能一概視之，例如庾信的聲望，
明顯與其餘的使節不同，所以東魏的對接人員特別「降階攝職」，隆重以待。
〔註50〕又如徐陵在東魏與蕭梁通和之初，即與江總被選為使節，卻雙雙推辭
這份委任，直到兩國因為侯景而發生戰事，在南朝急於修復破裂關係之時，
徐陵才不得不出使，而東魏也派出當時極受高澄重視的才子魏收接對。這兩

〔註47〕謝珽身為徐陵聘魏時的主使，但相關記載卻極紊亂。北方諸史書作「謝珽」，
　　　然《南史》卷7〈梁本紀中〉作「謝班」；卷62〈朱异傳〉作「謝挺」；卷80
　　　〈侯景傳〉作「伏挺」。當時確有伏挺其人，才名甚高，唯卒於侯景之亂，而
　　　徐陵等梁使卻因亂而滯留北方，其事不合，參見《梁書》，卷50〈文學傳下〉。

〔註48〕陸晏子之弟陸雲公，與子陸玠皆入《陳書》，卷34〈文學傳〉，而陸晏子本人
　　　卻僅在字句中被附帶提及。一門兩代三人，卻是由事功較微、才華較遜者擔
　　　任使節。儘管個人際遇不同，然蕭梁選使時，在同族、同儕中，通常不會派
　　　遣才名較高的人物，而會選擇才名較低的人物。又如劉孝儀、徐陵與庾信，
　　　都擔任聲望較低之官員的副使，或許是可供參照的現象。

〔註49〕其中，《酉陽雜俎》，前集，卷12〈語資〉記袁狎之言，比起同列諸人資料稍
　　　多。

〔註50〕《北齊書》，卷39〈祖珽傳〉，頁243。

人之聲望，不論在當時或從後世的角度來看，其餘使節皆無法相提並論。

何況，即使將後二類使節全無區別地都視為精選俊才，〔註51〕總數亦不過十人而已，佔此二十八人名單上僅約三分之一，若計入使節姓名不詳的聘問次數，則比例更低，與東魏外交人員多名彰於史冊的情形相較，可謂極大的落差，實在很難得出蕭梁使節同樣經過「盛選」的結論。南朝唯有在特殊的關鍵時期，才會派出令對方高度重視的徐、庾等人選。〔註52〕

再從史料載述的內容而言，在這些較知名的蕭梁使節之傳記中，被提及曾出使東魏的人物，竟然只有劉孝儀、劉孝勝兄弟、沈眾和庾信四位。其他如徐陵不只出使東魏，之後又出使北齊，在陳朝時也負責過與北周的外交事務，〔註53〕以如此豐富的外交經歷，本傳卻隻字不及。這與《魏書》之中，凡出使過南朝的官員，無論傳記短長，幾乎都載錄其外交經歷的情況大不相同。至於北朝史書常記載擔任外交任務的東魏官員，進行聘問或接待時的舉止言論，這類敘述也很少見於蕭梁諸使節的傳記。

綜上所述，蕭梁多數使節的聲名及才華並不出色，整體素質亦未必提昇，故此時即使不像劉宋時期那般，僅以無名官吏或武人來充當使節，但梁使的水準仍有限度，〔註54〕而蕭齊時期以「竟陵八友」蕭琛、范雲、范縝等

〔註51〕其中如明少遐，後來於太清之亂時逃亡至東魏，並存活至北齊，然北方史書罕見其名事。換言之，明少遐到北方之後所受重視有限，無法與「暮年詩賦動江關」的庾信相提並論。

〔註52〕真正才名俱顯的五位中，劉孝儀擔任的是蕭梁與東魏之間最初的平等互使，而徐陵則擔任最後的平等互使。在庾信出使的前一年（東魏武帝二年544），蕭梁曾經兩次遣使，然人員名姓在《魏書》〈島夷蕭衍傳〉中皆闕載，若非單純史料疏漏，就是此時雙方關係產生變數。

〔註53〕關於陳武帝永定元年周弘正出使北周，同行的徐姓使節究竟是徐陵？或其子徐儉（一名徐報）？並無定論。〔清〕倪璠《庾子山集注》在庾信〈徐報使來止一相見詩〉題下注：「徐陵也」，其說頗為後人所承。吉定〈庾信詩中「徐報」小考〉（《文學遺產》，北京中國社會科學院文學研究所，1995年第05期，頁114）則認為是徐儉。不過，徐陵曾數次為陳霸先寫作給北周君臣的外交文書，更與周使杜杲對話談判過，即使未曾出使，仍頗常涉及相關外交工作。另外，《太平廣記》，卷253〈嘲誚〉引《啟顏錄》，記載隋初盧思道接對陳使徐陵，在時間上與隋伐陳、陳宣帝崩與徐陵卒過於相近，且對話內容多為既有外交史料雜湊，可信度不高。

〔註54〕李廣健，《南北朝對峙時期的文化接觸──以媒介人物為討論中心》採取統計方式，根據使節在史書裡擁有個人傳記的比率，推論齊、梁、陳三代使節之素質後不如前。此一結論或有商榷餘地，但仍顯示出《魏書》對東魏與蕭梁間外交的溢美之言未可盡信。

名士同時爲主副使的盛況，在蕭梁時期更未嘗出現過。如此，《北史》描述的「銜命接客，必盡一時之選」云云，於蕭梁方面並不完全符合。

另外，在蕭梁接待官員方面，仍會出現刻意貶低北使的情形。例如，東魏元象元年（538）第二次聘梁，《魏書》卷五十六〈鄭羲從孫伯猷傳〉載：

> （鄭）伯猷，博學有文才，早知名。舉司州秀才，以射策高第，除
> 幽州平北府外兵參軍，轉太學博士，領殿中御史。與當時名勝，咸
> 申遊款。……元象初，以本官兼散騎常侍使於蕭衍。前後使人，蕭
> 衍令其侯王於馬射之日宴對申禮。伯猷之行，衍令其領軍將軍臧盾
> 與之相接。議者以此貶之。

鄭伯猷乃北魏太和二年主使鄭羲的侄孫，以學識文才聞名北地，又與當時本國名流多所交往，談吐應具有相當水準，〔註 55〕而且，在整個出使過程裏，並未見其言行出錯或居於下風的狀況，但北朝人士卻仍因蕭梁接待者臧盾之身份職位，認爲受到南朝的輕視而頗有微辭。

以武人來擔任外交人員，在劉宋與蕭齊初期乃是司空見慣的狀況。此種安排當然對北魏存有侮辱之意，表示對方並不值得以文化相交，同時南方武將的素養往往也不在北朝儒士文人之下。事實上，過去的確有精挑細選的北使，於雙方對談時被南方武將壓制的案例，如盧元明受柳元景接待卻應對失衷，因而使個人及國家遭受雙重侮辱。如今蕭梁派任的臧盾雖職爲領軍將軍，但史書言其「博涉文史」，「美風姿，善舉止，每趨奏，高祖甚悅焉」，〔註 56〕學識風采皆非宋、齊時代所派遣的武將可比。

北朝經過孝文帝漢化後，無論在門閥姓氏、士人文化各方面，都更加接近南朝風氣，因此產生重文輕武的心態。事實上，臧盾也受到部份本國士人輕視，《梁書》卷二十三〈劉孝綽傳〉載：

> 孝綽少有盛名，而仗氣負才，多所陵忽，有不合意，極言詆訾。領
> 軍臧盾、太府卿沈僧杲等，並被時遇，孝綽尤輕之。每於朝集會同

〔註 55〕 例如《太平御覽》，卷 611 引《三國典略》：「齊右什射富平子魏收，……幼習
　　　騎射，欲以武藝自達。太常博士鄭伯猷調之曰：『魏郎弄戟多少？』收慚悟，
　　　乃折節讀書，坐版床，積年，版亦爲之銳。收嘗爲《庭竹賦》，以自發名。伯
　　　猷謂之曰：『卿不值老夫，猶當逐免。』」
〔註 56〕 《梁書》，卷 42〈臧盾傳〉，頁 155。另一方面，卷 41〈蕭介傳〉載：「初，高
　　　祖招延後進二十餘人，置酒賦詩，臧盾以詩不成，罰酒一斗」；卷 36〈江革傳〉
　　　載：「上召革面敕曰：『臧盾性弱』」，臧盾雖學博口辯，並不長於詩文寫作，
　　　而其缺點梁武帝亦深悉。

處，公卿間無所與語，反呼騶卒訪道途間事。

劉孝綽爲擔任過蕭梁主使的劉孝儀的兄長，在他眼中，臧盾連隨從僕役都不如，經常在集會時故意冷落及羞辱之。在梁武帝初期擔任接待的官員裏，范胥之父范縝在蕭齊時曾出使北魏；〔註57〕蕭撝爲當今皇族成員；〔註58〕臧盾「被時遇」受皇寵而爲名士所輕，三人都是曾有外交經驗之家族的後代，又或者是梁武帝較爲親近而能直接派遣的人物，由此可以側面瞭解南朝選拔使節的困難。

四、南北交流中的「北地三才」

崔悛指出「辯才」爲選使首要條件，不過在當時的風氣中，文才仍是不可或缺的項目。東魏人士不僅擺脫了過去北魏使節窮於應付南朝主客作詩要求的窘境，對於文學在外交場合如何被應用的特殊情況，更有進一步的理解。例如《北史》卷二十八〈陸俟附卬傳〉載：

> （陸）卬，字雲駒，少機悟，美風神。好學不倦，博覽群書，五經多通大義。善屬文，甚爲河間邢卲所賞。……自梁、魏通和，歲有交聘，卬每兼官讌接。在席賦詩，卬必先成，雖未能盡工，以敏速見美。〔註59〕

陸卬的長處是才思敏捷，史書直言其詩「未能盡工」，即寫作品質不夠精良，

〔註57〕《梁書》，卷48〈儒林傳・范縝〉，頁171～172。《梁書》，卷65〈李平附子諧傳〉載東魏首位主使李諧與范胥之應答：「諧問胥曰：『主客在郎官幾時？』胥答曰：『我本訓冑虎門，適復今任。』諧言：『國子博士不應左轉爲郎。』胥答曰：『特爲應接遠賓，故權兼耳。』諧言：『屈己濟務，誠得事宜。由我一介行人，令卿左轉。』胥答曰：『自顧菲薄，不足對揚盛美，豈敢言屈！』」范胥反常地降階攝職，有可能是由於蕭齊重視外交而作出特別的安排，亦可能是因爲難以找到願意擔任接待北人任務的適合人選，而不得不如此。對照同時的蕭撝和次回負責接待的臧盾之身份官職，並從江總、徐陵等名士拒絕回聘等事例來看，後者的可能性並不低。另外，范胥名附〈儒林傳〉其父之後，雖「有口辯」卻非文士，此點亦顯示出蕭梁初期對外交官員的文才並不十分重視。

〔註58〕《周書》，卷42〈蕭撝傳〉：「蕭撝字智遐，……梁武帝弟安成王秀之子也。性溫裕，有儀表。年十二，入國學，博觀經史，雅好屬文。……東魏遣李諧、盧元明使於梁，梁武帝以撝辭令可觀，令兼中書侍郎，受幣於賓館」。

〔註59〕《太平御覽》，卷600〈文部十六〉引《三國典略》：「高澄嗣勃海王，聞謝挺、徐陵來聘，遣中書侍郎陸昂于滑台迎勞。于席賦詩，昂必先成，雖未能盡工，亦以敏速見美。」然《北史》言「每兼官讌接」，當不僅於徐陵來聘期間負責接對。陸卬，《魏書》或作「陸昂」。

然而在即席賦詩的場合，卻能以快制勝，成爲極大的優勢。陸卬的創作符合了外交文學的特殊需求，也看準出自此情境的鑑賞品評並不講求細緻，這種分辨與崔悛區別辯才與文才的差異，可以說是精神相通的，皆顯示了北朝對漢文化的熟悉，參與此類活動已能切中要領。

再者，陸氏在血統上屬於鮮卑族，家族成員原本皆爲武人，後來逐漸轉成儒者，至東魏／北齊時，更有部分成員身爲文士，方得於外交中佔一席之地，例如輩份高於陸卬的陸操。本傳云其：

> 高簡有風格，早以學業知名，雅好文。操仕魏，兼散騎常侍聘梁，
> 使還，爲廷尉卿。

陸操於東魏元象元年（538）出使蕭梁，是已知北朝主使中首位以學識知名且兼具文才的鮮卑人，說明了北朝漢化的成功與文風盛行的狀況，已超過漢族及拓拔皇室等有限範圍而深入非漢族群之中，甚至開始產生優秀作家。

東魏的文學風氣之所以如此興盛，必須上溯北魏晚期，《魏書》卷八十五〈文苑傳〉載：「蕭宗歷位，文雅大盛」，而《北齊書》卷三十六〈邢卲傳〉亦云：

> 自孝明之後，文雅大盛，卲雕蟲之美，獨步當時，每一文初出，京
> 師爲之紙貴，讀誦俄遍遠近。……與濟陰溫子昇爲文士之冠，世論
> 謂之「溫、邢」。鉅鹿魏收雖天才艷發，而年事在二人之後，故子昇
> 死後，方稱「邢、魏」焉。

北魏孝明帝一朝最具代表性的創作者，即是所謂「北地三才」——溫子昇、邢卲和魏收。這三位才子在北朝文壇皆有相當高的地位，並且都與外交事務有過深淺不一的關聯，頗能反映當時北朝的文化環境與外交策略。

三才中最年長的溫子昇，未如邢卲與魏收般曾經前往江左，與外交事務的關係最淺。不過，南北外交卻對他的名聲有極大影響，《魏書》卷八十五〈文苑傳・溫子昇〉載：

> 蕭衍使張臯寫子昇文筆，傳於江外。衍稱之曰：「曹植、陸機復生於
> 北土。恨我辭人，數窮百六。」陽夏太守傅標使吐谷渾，見其國主
> 床頭有書數卷，乃是子昇文也。

此段記載說明溫子昇的作品流傳南北，甚至遠播至西域，而蕭梁與東魏復交之後，首任主使張臯即抄寫溫子昇的詩文回國，可謂首位聲聞天下的北朝文人。此事同時反映了北方文學的突破，以及南北之間的落差：最晚自蕭齊永

明時期開始，無論兩國正式的外交關係是斷或續，南朝文學作品總會流傳到北方，相對地，南人卻對北朝文學作品興趣缺缺，直到此時才加以關注。

雖然外交管道令溫子昇聲聞千里，但他本人在相關事務上並無出色表現。溫子昇曾在北魏末孝莊帝「建義初（528），為南主客郎中」，很早便擔任過外交職位，《魏書》卷八十五〈文苑傳·溫子昇〉又載：

> 子昇前為中書郎，嘗詣蕭衍客館受國書，自以不修容止，謂人曰：
> 「詩章易作，逋峭難為。」文襄〔疑闕文〕館客元僅曰：「諸人當賀。」
> 推子昇合陳辭。子昇久悁怩，乃推陸操焉。

可知溫子昇雖未出使，然曾於國內使館接受蕭梁國書，與南朝人士仍有過接觸與互動。宋·徐度《卻掃編》卷中載：「人多不知『逋峭』何謂，蘇公曰：『……蓋樑上小柱名，取有折勢之義耳。』」〔註60〕逋峭，本為屋柱曲折貌，引申指人有神韻風致。溫子昇擔任外交工作時有「逋逍難為」的感嘆，應是自覺儀表不足，也可能是因為會見蕭梁人士而自慚形穢。一般認為史書此段在「文襄館客」之前有闕文，所述之事因果不清，〔註61〕不過以溫子昇的高才，在眾人推舉他代表書寫呈獻給高澄的賀辭時，竟悁怩推諉，而代替他的，則是元象元年聘梁使陸操。由這段記載，可以察見溫子昇的除了儀表上的缺點外，應該不擅長當眾即席寫作，這些都成為他充任外交官員的阻礙。

類似的情形也發生在與溫子昇並稱的邢邵身上。邢邵成名早於魏收之前，兩人卻同在東魏天平年間被列為聘梁使節的人選。《北史》卷四十三〈邢邵傳〉載：

> 于時與梁和，妙簡聘使，邵與魏收及從子（邢）子明被徵入朝。當時文人，皆邵之下，但以不持威儀，名高難副，朝廷不令出境。南人曾問賓司：「邢子才故應是北間第一才士，何為不入聘使？」答云：「子才文辭實無所愧，但官位已高，恐非復行限。」南人曰：「鄭伯猷，護軍猶得將命，國子祭酒何為不可？」邵既不行，復請還故郡。

自太武帝朝神䴥徵士中的邢穎算起，邢邵與太和十七年（493）出使蕭齊的族

〔註60〕宋·徐度，《卻掃編》，臺北：臺灣商務印書館，景印《文淵閣四庫全書》，第863冊，1983年。

〔註61〕《魏書》，卷85〈文苑傳〉〈考證〉云：「魏收書闕，後人所補」，而《北史》，卷83〈文苑傳〉同段落之〈校勘記〉云：「此處文意不明，李慈銘云：『文襄』下有脫文，《魏書》亦同」。

兄邢巒，同爲「仍世將命」的邢氏家族第三代，其家世與才華原本無從挑剔，卻因威儀不足，最終仍然無法代表政府至南方交涉。合溫、邢兩人之事而觀，外在的容止實爲他們的共同弱點，北朝的社會雖不如南朝那麼全面要求形象之美，也已經把這個條件當作選擇外交人員的必要考量。另外，由蕭梁方面提出的質疑可知：北朝通常會派任知名的文人作爲聘使，而南朝也視爲理所當然，前者藉由外交場合來展示人才，後者則意圖瞭解北方人才的程度，故蕭梁官員特地指名「北間第一才士」聘使，在詰難譏刺之餘，也透露出對北朝前所未有的看重。

不過，北人用以推搪的藉口，以及邢邵落選而魏收出使的事例，揭示了一個現象——縱然東魏使節「必盡一時之選」，仍有年齡及地位的限制——倘若派遣地位名聲太高的人士出使，勝出未必能增益其名，失敗則可能損害其譽，更嚴重的是會招致敵國對本國的輕蔑，因此擔任使節的反倒以文化界新秀爲多，鮮少派遣宿耆遠赴南方。

在十餘年之後，北齊天保六年（555），邢邵終於奉文宣帝之命，「傳詣建康，與王僧辯書」，〔註62〕只是那並非平等的外交聘問，而是處於宗主國的立場對藩屬展開勸說，故派出這位著名才子或許是表示對此事的愼重，但在上下判然的關係與緊張情勢裏，邢邵的才學想必沒有太大的發揮空間。

「北地三才」中，魏收雖然年紀最輕，卻也是最早出使南朝的一位。東魏孝靜帝天平五年——即梁大同四年（538）十一月，魏收以王昕的副使身份出使南朝。《魏書》卷一百四〈自序〉云：

> （魏）收兼通直散騎常侍副王昕聘蕭衍，昕風流文辯，收辭藻富逸，衍及其群臣咸加敬異。先是，南北初和，李諧、盧元明首通使命，二人才器，並爲鄰國所重。至此，衍稱口：「盧、李命世，王、魏中興，未知後來復何如耳？」……自南北和好，書下紙每云「想彼境內寧靜，此率土安和」。蕭衍後使，其書乃去「彼」字，自稱猶著「此」，欲示無外之意。收定報書云：「想境內清晏，今萬國安和。」南人復書，依以爲體。……文襄壯之，顧謂人曰：「在朝今有魏收，便是國之光采。雅俗文墨，通達縱橫，我亦使子才、子昇時有所作，至於詞氣並不及之。……」又敕兼主客郎，接蕭衍使謝珽徐陵。

在魏收的記敘裏，梁武帝將主使王昕和自己，與兩年前的李諧、盧元明相提

並論，更因他們的表現而對接下來的東魏使節抱有極大期望。魏收在文中將
自己出使、報書和接待等過程都詳加描述，頗有驕矜炫耀之意，可見和南朝
交流的經歷在這位北朝才子心中的份量。

　　不過，《魏書》的傳錄內容與後世史書卻頗有落差。在出使蕭梁方面，除
了前述的光榮紀錄以外，《北齊書》卷三十七〈魏收傳〉另載：

> （魏）收在館，遂買吳婢入館，其部下有買婢者，收亦喚取，遍行
> 姦穢，梁朝館司皆爲之獲罪。人稱其才而鄙其行。在途作〈聘遊賦〉，
> 辭甚美盛。使還，尚書右僕射高隆之求南貨於（王）昕、收，不能
> 如志，遂諷御史中尉高仲密禁止昕、收於其臺，久之得釋。

　　《北齊書》指出魏收居於蕭梁使館期間，非但無法以身作則，行爲更是
放蕩不檢，連相關人員也因魏收的醜行使那次外交蒙羞而獲罪，他本人得到
的評價實爲褒貶參半。另外，王昕與魏收完成任務回國之後，由於無法滿足
權貴高隆之的苛求索賄而受到懲處，南訪之事不僅未替自己加官進爵，反而
引來囚禁之災。兩相比較，當事人的第一手記述，僅呈現使節光鮮亮麗的一
面，而旁人與後代史家撰史，更道出了其中的黑暗面與辛酸事。

　　至於魏收《魏書·自序》記入自己奉旨接待徐陵的過程，並在事前載錄
當時東魏實質領導人高澄稱讚自己的文詞更勝溫子昇、邢邵兩位北地才子前
輩，〔註63〕將文學成就與外交職務兩事連結爲前後相承的因果關係。然《陳
書》卷二十六〈徐陵傳〉載：

> 太清二年（548），（徐陵）兼通直散騎常侍使魏，魏人授館宴賓。是
> 日甚熱，其主客魏收嘲陵曰：「今日之熱，當由徐常侍來。」陵即答
> 曰：「昔王肅至此，爲魏始制禮儀；今我來聘，使卿復知寒暑。」收
> 大慚。齊文襄爲相，以收失言，因之累日。

徐陵藉著魏收的嘲諷，反譏北朝之禮儀制度乃由南人主導訂定，讓魏收無從
辯駁，造成此次外交時的一個挫敗，同樣遭到高澄的懲罰。值得注意的是，
在〈自序〉中，魏收連記自己與蕭梁官方的三項互動事件，都蘊藏著炫耀意
味，倘若和其他記載對照起來，即可發現不小的落差，從結果而言，甚至有
榮辱完全相反的狀況。如此，不免使讀者懷疑，《魏書》的相關記載是否也選
擇性地隱惡揚善，只摘取對己方有利的部分記述而已。

　　另外，十餘年前蕭梁選使，即曾屬意徐陵而未成，此次他改變初衷出使，

〔註63〕《魏書》，卷104〈自序〉，頁1146。

固然可能因爲整體環境的影響，使其對北朝的觀感產生改變，但最關鍵性的
因素，還是侯景叛離東魏而投附蕭梁，導致兩國交戰，軍事失利使梁武帝感
到得不償失，亟欲重修舊好，因此希望放低姿態求和，特地派出名聲極高的
江左才子出使。不過在文化競爭層面，徐陵對北人仍不假辭色，除了前述事
例以外，劉餗《隋唐嘉話》卷下又載：

> 梁常侍徐陵聘於齊，時魏收文學北朝之秀，收錄其文集以遺陵，令
> 傳之江左。陵還，濟江而沉之，從者以問，陵曰：「吾爲魏公藏拙！」

徐陵出使東魏不久，侯景之亂即爆發，蕭梁中央政府受其挾制，各地勤王勢
力互鬥割據，故徐陵等人在北朝滯留了七年左右的時間。直到東魏被北齊篡
代之後，因文宣帝欲建立蕭梁傀儡政權，於天保六年（555）派軍護送蕭淵明
回國，徐陵等人始得隨同南返，而次年再出使北齊。或許因爲長期滯留邦國，
而北齊又搖身變爲蕭梁的宗主國，徐陵才沒有當面拒收魏收的文集，但仍在
返抵國門之前，將之拋入江水。如此反應，表現出他對北朝文學始終未改過
去的鄙夷。

　　此事正史不載，假使是以訛傳訛，則更顯示出當時南人對北人普遍的強
烈輕視，已足以令世人編造這類南方名士羞辱北地才子的軼聞！此時距魏收
聘梁已過十年，長達十餘年的交流接觸，一批又一批北朝外交官員的優異表
現，仍未能全然扭轉南人的心態。江左人士侮辱北地才子的事例不僅發生於
兩國交流之間，即使在北朝內部亦存在類似情況，如《太平御覽》卷五九九
〈文部十五·詆訶〉引《三國典略》：

> 魏收言及《沈休文集》，毀短之。徐之才怒曰：「卿讀《沈文集》，半
> 不能解，何事論其得失？」謂收曰：「未有與卿談！」收去，避之。

徐之才原爲蕭梁豫章王蕭綜的鎮北主簿，蕭綜叛梁投東魏，徐之才亦淪落北
朝，可謂寄人籬下，卻爲了沈約文集直接叱呵魏收，輕蔑之意溢於言表。這
並非偶發的個案，〔註64〕但由於對象竟是「北地三才」之一，所以特別引人
側目。《北齊書》卷三十三〈徐之才傳〉記述徐之才以「醫術自進」，「戲謔滑
稽，言無不至」，「既博識多聞，由是於方術尤妙」，專長在醫術圖讖而非文學，

〔註64〕 如《北齊書》，卷45〈裴叔業附兄子植傳〉：「自言人門不後王肅，怪朝廷處之
不高。及爲尚書，……入參議論，時對眾官，面有譏毀。又表毀征南將軍田
益宗，言『華夷異類，不應在百世衣冠之上』。率多侵侮，皆此類也。」時爲
宣武帝末、孝明帝初。同爲羈北南人，獻文帝時的蔣少游與孝文帝時的王肅
等，反而不如後來的裴植、徐之才氣焰高張。

然談論起詩文卻讓魏收不敢反駁，由此亦反映出當時南北文化地位仍有相當
大的差距。南朝人士流亡北地尚且無法壓抑自己的鄙夷，足見此觀念已根深
柢固，而北人對這種態度往往只能忍受卻無從反擊，如魏收不敢當面反駁徐
之才，事後又僅能迴避，故知文化上的自卑心理很難完全抹除。

　　北魏文人的自卑不在於寫作能力的問題，也不在於名聲高低的層面，而
是在更深層的文化基礎受制於南朝風氣。當時的北朝知名文人，幾乎全是江
左名家的模仿者，如《北齊書》卷三十七〈魏收傳〉載：

> 始收比溫子昇、邢卲稍為後進，卲既被疏出，子昇以罪幽死，收遂
> 大被任用，獨步一時。議論更相訾毀，各有朋黨。收每議陋邢卲文。
> 卲又云：「江南任昉，文體本疏，魏收非直模擬，亦大偷竊。」收聞
> 乃曰：「伊常於沈約集中作賊，何意道我偷任昉！」〔註65〕

後文另云：「任、沈俱有重名，邢、魏各有所好。武平中，黃門郎顏之推以二
公意問僕射祖珽，珽答曰：『見邢、魏之臧否，即是任、沈之優劣。』」〔註66〕
可見邢卲、魏收各自摹擬南朝的沈約及任昉，亦蹈襲其詩文的體製、風格與
內容，為眾人皆知的事實，故北朝此時創作鼎盛的狀態是依附在南朝的文學
發展之下的。兩位北地才子互議相譏，說明了當時北朝文學寫作也結朋分黨，
而同樣受南朝文學極大影響的兩派，由於學習的典範不同，彼此誹謗詆譭。
對照前述魏收批評沈約文集一事，或許可以揣測他原本並非只單純地對其詩
文有意見，還可能試圖尋求徐之才替自己領導的派別背書。

　　另一方面，徐之才指責魏收對沈約的詩文「半不能解」，儘管帶著南人對
北人的一貫偏見，但因其出身於孕育沈約詩文的環境，對這些作品具有深刻
的理解，所以由他的標準來看，魏收等人自然無法領略任、沈之作的妙處，
欣賞詮解能力不足，所作批評當然不夠水準。相對地，魏邢二人對沈約、任
昉的議論，都沒有夾帶那種由上自下俯視的態度，雙方立場接近，所以才會
爭執不休，然仍可顯示出北方文人的改變──過去，沒有任何北朝文人敢對
南朝文學提出批評，或敢主動將自己的作品交給南朝人士鑑賞，但魏收等人
即使處於模仿的階段，卻覺得自己的寫作成果並不遜色。總而言之，北朝文
人憑著不斷地吸收與學習，逐漸彌補和南朝文人之間的差距，此時雖尚未具

〔註65〕《三國典略》亦有相同記載，見《太平御覽》，卷599〈文部十五·詆訶〉引。
〔註66〕《顏氏家訓》，卷4〈文章第九〉，頁21可互為參證。由顏之推與祖珽的互動
　　　　來看，進入北齊後，羈北南人的意見逐漸失去過去那種超然的權威性

備創發新制的能力，然在規輔南人的過程裏，也培養出參與文學的自信心。

何況，除了徐陵私下對魏收的羞辱，《三國典略》（《太平御覽》卷五八五引）中同樣也記載了魏收對徐陵的批評：

> 齊主嘗問于魏收曰：「卿才何如徐陵？」收時曰：「臣大國之才，典以雅；徐陵亡國之才，麗以豔。」

面對北齊國君，魏收當然不能承認代表本國文人的自己，才華不如敵國的徐陵，因而「大國」與「亡國」之對比，摻入了濃厚的政治取向與國粹心態，但此段引文亦表現出北地文人欲反擊南方文人，往往以其華豔輕靡的風格作爲基點。連叛亡江左的武人侯景在圍攻蕭梁首都臺城時，都懂得指責皇太子蕭綱「吐言止於輕薄，賦詠不出《桑中》」，〔註67〕可見宮體的特性與題材傾向，原本極易招致指責。魏收將國情局勢導入文學批評範疇，混淆兩者界線，未必能夠說服他人，然此種泛道德的理論長久以來存在於漢文化，是先秦至兩漢時期重要的詮釋觀點，最後成爲北朝文人進行對抗的依憑，開始將南朝文學貶抑爲靡靡之音、哀思之聲，並在不斷重複這些判斷的過程裏，逐漸加強其根據及思想內涵。

魏收譏徐陵爲亡國之音，徐陵棄魏收的詩文如敝屣，南北文人各自詆毀對方的狀況，反映了文人相輕的心態。另外，從南朝文風陵替的角度切入，亦能理解魏收爲何敢批評徐陵：魏收學習的對象任昉以永明體稱著，因而認爲自己的作品屬於典雅正宗，有別於徐陵等宮體作家書寫的豔麗新聲。當年永明文學參與者梁武帝，也曾對宮體抱持著遲疑的態度，故知前朝才子無法接受新式潮流乃是文壇常事，魏收對徐陵的批判亦可能出自對任昉等永明作家的維護，以及對宮體這種新文學的抗拒。

重視敵國前輩的另一面，就是對本國前輩的輕忽，《魏書》卷八十五〈文苑傳・溫子昇〉載：

> 濟陰王暉業嘗云：「江左文人，宋有顏延之、謝靈運，梁有沈約、任昉，我子昇足以陵顏轢謝，含任吐沈。」

元暉業極力稱揚溫子昇，所舉與之匹配者，盡是南朝名家，透露出北人對前

〔註67〕　《通鑑》，卷第 162〈梁紀十八・武帝太清三年（549）〉，頁 5007，侯景上啓指陳梁武帝「十失」之一。此啓自非侯景本人所寫，其智囊王偉頗有才學，「景之表、啓、書、檄，皆其所製」，還曾「上五百字詩於（梁元）帝，帝愛其才」。此外，當時合圍宮城者，包括臨賀王蕭正德等背叛者，這些指責亦可能由這些蕭梁人士所貢獻。

朝文士的寫作成就並未加以肯定。至於魏收，更連溫子昇等前輩都懷著否定之意，如〈文苑傳·溫子昇〉後文引用楊遵彥《文德論》「以爲古今辭人皆負才遺行，澆薄險忌，唯邢子才、王元景、溫子昇彬彬有德素」，卻又指出「子昇外恬靜，與物無競，言有準的，不妄毀譽，而內深險。事故之際，好預其間，所以終致禍敗」，經此反駁，實謂《文德論》對前輩的美譽不足爲據，暗示溫子昇的德性操守亦有缺損。又《北齊書》卷三十七〈魏收傳〉載：

> （魏收）以溫子昇全不作賦，邢（卲）雖有一兩首，又非所長，常
>
> 云：「會須作賦，始成大才士。唯以章表自許，此同兒戲。」

魏收認爲文體乃是決定文學成就的重要指標，對無法作賦的本朝前輩們不以爲然。相對於梁武帝等南朝人士對溫子昇的肯定，〔註68〕北地文人顯得嚴厲許多，這其實映現了他們對過往寫作成績的全盤否定。

小　結

　　東魏與蕭梁可說是南北朝外交的文化全盛期，由東魏外交人員表現傑出的事例來看，南北雙方於此時大致能達到平等對話的局面。不過，仍有些細微處應予以辨明，尤其不能忽略各種落差現象。

　　首先是南北之間的落差：傳統史書對此時外交盛況的描述，倘若置之北朝，大體上是正確的，但橫向觀察南朝方面的反應，就未必全然適用。其次爲上下階層的落差：此時蕭梁政府高層愈來愈重視與北朝之間的互動，但士

〔註68〕段成式《酉陽雜俎》，前集·十二〈語資〉，記載（庾）信曰：「『……舉世所推如溫子昇，獨擅鄴下，常見其詞筆，亦足稱是遠名。近得魏收數卷碑，製作富逸，特是高才也。』」對北地三才其中兩位有所讚譽。另外，張鷟《朝野僉載》亦云：「梁庾信從南朝初至，北方文士多輕之。信將〈枯樹賦〉以示之，于后無敢言者。時溫子昇作韓陵山寺碑，信讀而寫其本。南人問信曰：『北方文士何如？』信曰：『唯有韓陵山一片石堪共語。薛道衡、盧思道少解把筆。自余驢鳴狗吠，聒耳而已。』」。兩段佚聞中，庾信對北朝文人的整體評價可謂迥異，然而溫子昇都同樣獲得佳評。不過，《朝野僉載》的記載錯誤極多，《北史》，卷47〈祖瑩子孝隱〉載：「時徐君房、庾信來聘，名譽甚高，魏朝聞而重之，接對者多取一時之秀，盧元景之徒，並降階攝職，更遞司賓」，庾信於梁大同十一年（545）七月出使，東魏方面爲了表示對這位江左才子的尊重，並壯大接對人員的陣容，多位官員特地暫降官階以擔任相關職務，怎麼可能「輕之」！再者，盧思道（531？～582？）、薛道衡（540～609）與溫子昇成名時間相差頗遠，庾信初至北方時（545），薛道衡尚年幼，如何得其文而評論？

人仍不改對北朝的排斥，對外交任務抱著推拒的心理，而比起先前的蕭齊時代，蕭梁使節的素質並沒有大幅度的改變。

然而，蕭梁時期面對外交的態度，不再如劉宋時期那樣一昧忽視或閃躲，除了願意與北方人士正面溝通，也開始用比較客觀的眼光看待南訪的東魏使節。造成此一時期外交盛況的關鍵因素，正是北方整體漢文化水準的提昇，南北兩國從禮儀到表達形式、思想內涵各方面的實力都不再懸殊，如此，蕭梁君臣面對東魏政府時便多出一分尊重，而東魏政府也不再因談議的挫敗而感到退縮。

另外，雖然東魏是北朝外交與文化地位提振的重要時期，卻與實質掌權的高氏之統治沒有太大關係，主要是承襲了北魏中晚期漢化的遺產。事實上，魏末的動亂與鮮卑化的高家執掌政權，對北朝的漢文化環境仍是負面的因素，即使高歡等領袖對南北外交勝負的象徵意義仍相當重視，卻未在文化領域做出相應的措施，這個問題在高氏成為正式領導家族的北齊時期將更為明顯，甚至轉為公然排斥漢文化的現象。耐人尋味的是，在各種形勢的相互作用之下，即使政府對漢文化不再友善，卻沒有立即對外交裏的文化活動產生影響，出此反映出文化本身的複雜向度。

第七章　南北朝地位的逆轉

　　蕭梁末年，侯景之亂導致了江左衰敗，而缺乏領導中心的諸割據勢力，紛紛向北朝二國乞師稱藩，造成南北微妙平衡的崩潰。雖然陳朝的建立使得南北情勢大致回穩，然而軍政層面重創與人才的流失，使得南朝的自信心遠不如前，文化上也頗受影響。所以，陳朝與北齊之間的外交，大致沿續了蕭梁與東魏時期的特點，然而地位卻有逆轉的趨勢。

　　至於自外於南北交流數十年的西魏，以及繼起的北周，在滅亡了梁元帝，又長期將蕭梁殘餘勢力當成藩屬的情況下，更徹底擺脫了北朝百餘年來的文化自卑心態。到了隋朝，更挾著統一北方及北強南弱的軍政局面，以迥異於北齊的方針，在與陳朝的外交佔得了絕大的優勢。

第一節　梁末的南北關係變化

一、侯景之亂的外交變局與其餘效應

　　自梁武帝大同二年（536）以來，與東魏通使了十二年。在東魏實質領導人高歡逝世後，南北關係起了劇烈變化，最關鍵的事件即是侯景背叛東魏，上表蕭梁，欲以十三州歸附。《通鑑》卷一百四十九〈梁紀十六・太清元年（547）〉載：

> 上召群臣廷議。尚書僕射謝舉等皆曰：「頃歲與魏通和，邊境無事，今納其叛臣，竊謂非宜。」上曰：「雖然，得景則塞北可清，機會難得，豈宜膠柱？」

當時部份南朝臣子以兩國外交關係良好，曾反對接納侯景，然梁武帝已決意接納侯景。雙方隨即因侯景之故而發生戰事，蕭梁方面戰敗。太清二年（548）：

> 東魏既得懸瓠、項城，悉復舊境。大將軍（高）澄數遣書移，復求通好；朝廷未之許。澄謂貞陽侯淵明曰：「先王與梁主和好，十有餘年。聞彼禮佛文云：『奉爲魏主，並及先王。』此乃梁主厚意；不謂一朝失信，致此紛擾，知非梁主本心，當是侯景煽動耳，宜遣使咨論。若梁主不忘舊好，吾亦不敢違先王之意，諸人並即遣還，侯景家屬亦當同遣。」淵明乃遣省事夏侯僧辯奉啓於上，稱「勃海王弘厚長者，若更通好，當聽淵明還。」上得啓，流涕，與朝臣議之。右衛將軍朱异、御史中丞張綰等皆曰：「靜寇息民，和實爲便。」司農卿傅岐獨曰：「高澄何事須和？必是設間，故命貞陽遣使，欲令侯景自疑。景意不安，必圖禍亂。若許通好，正墮其計中。」异等固執宜和，上亦厭用兵，乃從异言，賜淵明書曰：「知高大將軍禮汝不薄，省啓，甚以慰懷。當別遣行人，重敦鄰睦。」

東魏新任實質領導人是高歡之子高澄，他透過戰敗被俘的蕭梁宗室貞陽侯蕭淵明，表達重建和平外交的意願。另一方面，蕭梁臣子如傅岐等人憂慮，高澄眞正的目的可能在挑撥朝廷與侯景的關係，不過，兵敗之餘，梁武帝亦亟欲與東魏重修舊好，故於五月：

> 上遣建康令謝挺、散騎常侍徐陵等聘於東魏，復修前好。

徐陵爲蕭梁當時著名的才士，「八歲，能屬文。十二，通莊老義。既長，博涉史籍，縱橫有口辯」，與其父徐摛皆爲「宮體」文風的代表人物。〔註1〕早在十餘年前，東魏與蕭梁外交初建，即曾被屬意爲主使人選。在此雙方關係緊繃之時又被派爲使節，可見蕭梁對此次外交之重視。東魏方面亦極其愼重，由「三才」中的魏收，還有李庶、陸卬與裴讓之等才學之士或外交幹員接待。

不過，高澄於七月即派出辛術等人攻佔南梁長江、淮河以北領土，至此，議和外交已告破局。徐陵等使節無法如期南歸，與蕭淵明等滯留到北齊建立之後。這是梁武帝最後一次遣使，亦可謂蕭梁與北朝政權最後的平等外交。

侯景曾上疏反對蕭梁與東魏議和，由於意見不被接納，對自己的處境感到不安的侯景有了出乎梁武意料之外的反應：

〔註1〕 《梁書》，卷30〈徐摛傳〉，頁218～219。《陳書》，卷26〈徐陵傳〉，頁157。

> 上既不用景言，與東魏和親，是後景表疏稍稍悖慢；又聞徐陵等使
> 魏，反謀益甚。

南北關係處置失當，引發了南朝前所未有的巨變。侯景之亂，蕭梁首都建康「數月之間，人至相食，猶不免餓死，存者百無一二。貴戚、豪族皆自出采穭，填委溝壑，不可勝紀」、「自晉氏渡江，三吳最爲富庶，貢賦商旅皆出其地。及侯景之亂，掠金帛既盡，乃掠人而食之，或賣於北境，遺民殆盡矣。」〔註2〕另外，侯景曾「詔北人在南爲奴婢者，皆免之，所免萬計」，無論是蕭梁首都精英份子的大量死亡、人民淪爲奴隸，或者北人免除奴婢身份，都造成了南方士人的衰弱與北人的地位提高。

隨之而來的戰亂，不僅使南朝內部殘破、政權陵替，對外也淪爲北朝兩國的附庸屬國。直到受侯景挾制的梁武帝駕崩，蕭梁宗室將官自相殘殺，包括日後的梁元帝蕭繹、未來建立陳朝的陳霸先等，皆曾向北朝稱臣，使得南北立場高下判然，摧毀了南朝過往的自傲態度，更提高了北朝的自信心。

二、梁末割據勢力與北朝的不平等外交關係

梁武帝駕崩，簡文帝復受侯景挾制。〔註3〕早在赴臺城勤王之時，蕭梁宗室已不能齊心，至此更爲爭奪領導權而內鬥，於是各自向北方二國求援乞師，例如《通鑑》卷一百六十二〈梁紀十八·武帝太清三年（549）〉載：

> 七月，會東魏大將軍澄遣西克州刺史李伯穆逼合肥，又使魏收爲書諭鄱陽王蕭範。範方謀討侯景，藉東魏爲援，乃帥戰士二萬出東關，以合州輸伯穆，並遣咨議劉靈議送二子勤、廣爲質於東魏以乞師。……勤、廣至鄴，東魏人竟不爲出師。……十一月，……（岳陽王蕭）詧既與湘東王繹爲敵，恐不能自存，遣使求援於魏，請爲附庸。丞相泰令東閣祭酒榮權使於襄陽。繹使司州刺史柳仲禮鎮竟

〔註2〕《通鑑》，卷163〈梁紀十九·簡文帝大寶元年（550）〉。又載：「時江南連年旱蝗，江、揚尤甚，百姓流亡，相與入山谷、江湖，采草根、木葉、菱芡而食之，所在皆盡，死者蔽野。富室無食，皆鳥面鵠形，衣羅綺，懷金玉，俯伏床帷，待命聽終。千里絕煙，人跡罕見，白骨成聚，如丘隴焉」，建康之外許多地區，慘況亦相差無幾。

〔註3〕對梁簡文帝地位的否定，在當時割據宗室間採用的年號即可看出，如《通鑑》，卷163〈梁紀十九·簡文帝大寶元年〉：「繹以爲天子制於賊臣，不肯從『大寶之號』，猶稱『太清四年』」，湘東王蕭繹繼續使用父皇梁武帝的「太清」，即是表示不奉簡文帝「大寶」爲正朔。

陵以圖譽，譽懼，遣其妃王氏及世子蔡爲質於魏。

鄱陽王蕭範欲討伐侯景，遣使送質於東魏；岳陽王蕭詧與湘東王蕭繹爲敵，遣使送質於西魏。此時動機雷同而如法炮製的蕭梁宗室與邊境將官，在當時不計其數，或爲伐敵，或爲內鬥，各自有各自的意圖。在此情勢中，接受求援的北方二國，當然有更實際的盤算，於是「東魏盡有淮南之地」、「漢東之地盡入於（西）魏」，南朝喪失了大片疆土。

眾多蕭梁割據勢力先後向北求援乞師，不僅令南朝門戶大開，更促使南北之間原本微妙的平衡崩解，這在與西魏方面的關係上尤爲明顯。東魏與蕭梁平等互使的十餘年間，西魏自外於南北交流，如今，岳陽王蕭詧爲與湘東王蕭繹抗衡，「乃遣蔡大寶求附庸于西魏」，〔註4〕這一個新局面，就是附庸國與宗主國的不平等關係，南北朝外交新的階段自此展開。

值得注意的是，多數蕭梁割據勢力，只不過在北朝兩個政權之中擇一而事，而日後被視爲正統「梁元帝」的湘東王蕭繹，卻先後派遣使節至西魏與新建立的北齊，同時向雙邊皆稱藩。《通鑑》卷一百六十三〈梁紀十九・簡文帝大寶元年（550）〉載：

> 二月，蕭繹遣舍人王孝祀等送子方略爲質以求和，西魏人許之。繹與楊忠盟曰：「魏以石城爲封，梁以安陸爲界，請同附庸，並送質子，貿遷有無，永敦鄰睦。」忠乃還。〔註5〕

《北齊書》卷四〈文宣紀〉載：

> （天保二年〔551〕三月）己未，詔梁承制湘東王繹爲梁使持節、假黃鉞、相國，建梁臺，總百揆，承制。……（三年〔552〕三月）癸巳，詔進梁王蕭繹爲梁主。〔註6〕

〔註4〕 《北史》，卷93〈僭僞附庸・梁〉，頁795。蕭詧依附西魏而建立的傀儡政權存續時間，爲梁末諸割據勢力中最久，與東魏、北周和隋之間的特別關係，可參考：許朝棟，《西梁政權研究》，政治大學歷史學所碩士論文，2009年。

〔註5〕 此處各史書記載紊亂，同年，《南史》，卷8〈梁本紀下〉載：「正月，使少子（蕭）方畧質于魏，魏不受質而結爲兄弟」；卷54〈元帝諸子始安王方略〉：始安王方略，元帝第十子……。侯景亂，元帝結好于魏，方略年數歲便遣入關。……至長安即得還，贈遺甚厚」；《周書》，卷2〈文帝下〉載：「三月，……楊忠擒仲禮，繹懼，復遣其子方平來朝」，時間月份誤差難免，然而各記載中蕭繹選派哪個兒子？西魏是否留下人質？雙方爲宗藩或平等關係？諸史皆有差異。如此，究竟是否爲同一次，亦難以斷定。

〔註6〕 參見《通鑑》，卷164〈梁紀二十・簡文帝大寶二年（551）〉載：「（二月）齊遣散騎常侍曹文皎使於江陵，湘東王繹使兼散騎常侍王子敏報之。……（三月）

兩年之間，對西魏，蕭繹遣使、送質、應允商業交流、割讓城池，更以附庸自居；對北齊的實質讓步較小，然而受封爲梁相國，又受詔進爲梁主，在名義上卻等同臣屬。

蕭繹如此積極向強鄰示好，首要目的卻非討伐侯景，而是爲了避免背腹受敵，以及招引境外勢力，讓自己在蕭梁宗室相殘中勝出。如《通鑑》卷一百六十三〈梁紀十九・簡文帝大寶元年〉：

> 邵陵王綸大修鎧仗，將討侯景。湘東王繹惡之，八月，甲午，遣左衛將軍王僧辯、信州刺史鮑泉等帥舟師一萬東趣江、郢，聲言拒任約，且云迎邵陵王還江陵，授以湘州。……繹以書責僧辯曰：「將軍前年殺人之姪，今歲伐人之兄，以此求榮，恐天下不許！」僧辯送書於湘東王繹，繹命進軍。辛酉，綸集其麾下於西園，涕泣言曰：「我本無他，志在滅賊，湘東常謂與之爭帝，遂爾見伐。……」屯於齊昌，遣使請降於齊，齊以綸爲梁王。

蕭綸致書，表面上指責王僧辯，事實上更指責了命令他出征的蕭繹「殺姪」、「伐兄」。蕭繹爲了鞏固一己地位，認爲侵吞宗室勢力優先於討伐侯景，尤有甚者，爲求超越其他宗室成員的聲威，一再阻撓其他勢力討伐侯景。此役之後，敗逃的蕭綸仍然不肯向蕭繹臣服，寧可屈事北齊。此時，蕭繹積極的外交工作發揮了作用，「時湘東王繹亦與齊連和，故齊人觀望，不助綸」，故蕭綸並未獲得協助。

在北齊兩不相助的情況下，蕭繹仍未能一舉消滅政敵，最後還是倚靠另一個宗主國西魏爲他解決了心腹之患，《周書》卷十九〈楊忠傳〉載：

> （大統）十七年（551），梁元帝逼其兄邵陵王綸。綸北度，與其前西陵郡守羊思達要隨、陸土豪段珍寶、夏侯珍洽，合謀送質於齊，欲來寇掠。汝南城主李素，綸故吏也，開門納焉。梁元帝密報太祖，太祖乃遣忠督眾討之。詰旦陵城，日昃而剋。擒蕭綸，數其罪而殺之。

綜觀上述過程，日後的「梁元帝」蕭繹，在侯景未平的情況下，不僅附庸割地如同賣國求榮，又密報鄰國謀害兄弟，更形同通敵內奸，而且在與蕭詧、蕭綸和蕭紀同族操戈的過程中，一再故技重施。

己未，齊以湘東王繹爲梁相國，建梁台，總百揆，承制。」由最初的往來可看出，北齊應是要求蕭繹稱臣，而蕭繹答允，所以北齊才會直接給與封號。

　　基於上述現象，此處必須辨別一個傳統史書呈現的概況，即「梁元帝」蕭繹在當時的南朝佔有中心地位，此一印象乃史官基於「正統」史觀進行描述所導致的偏誤。事實上，在南朝方面，蕭梁各宗室內鬨混戰之時，諸勢力各自為政，並未如《梁書》或《南史》所述，以江陵蕭繹為重心。先前所述的邵陵王蕭綸已是明顯例證，又如《通鑑》卷一百六十二〈梁紀十八‧武帝太清三年（549）〉載：

> 湘州刺史河東王譽，驍勇得士心，繹將討侯景，遣使督其糧眾，譽曰：「各自軍府，何忽隸人？」使者三返，譽不與。

即使蕭繹再三向外遣使，河東王蕭譽仍直陳實際情勢：諸人各自為政，並不隸屬於蕭繹。自梁武帝太清三年（549）侯景攻入臺城以來，鄱陽王蕭範、南平王蕭恪、尋陽王蕭大心、開建侯蕭蕃、定州刺史蕭勃……等親疏宗室，有的被擊滅，有的投靠北朝兩國，有的戰敗後始屈服，亦有至梁元帝被滅（554）後仍割據一方，始終未奉之為主，割據一方的將官豪族更不計其數。〔註7〕蕭繹雖宣稱「承制」，自居於眾勢力之上，然而，如邵陵王蕭綸等亦曾宣佈承制，皆徒具名銜，並無實質意義。

　　何況，侯景挾梁簡文帝在前，自立漢國於後，在蕭姓宗室內鬥的同時，侯景的部將任約等擊滅了不少南朝割據勢力，聲勢一度更為強盛，對江左的局勢影響力，較蕭繹有過之而無不及。大寶二年（551）年九月：

> 侯景之逼江陵也，湘東王繹求援於魏，命梁、秦二州刺史宜豐侯循以南鄭與魏，召循還江陵。循以無故輸城，非忠臣之節，報曰：「請待改命。」魏太師泰遣大將軍達奚武將兵三萬取漢中，又遣大將軍王雄出子午谷，攻上津。循遣記室參軍沛人劉璠求援於武陵王紀，紀遣潼州刺史楊乾運救之。〔註8〕

〔註7〕　如：《通鑑》，卷166〈梁紀二十二‧敬帝紹泰元年（555）〉：「以郢州刺史宜豐侯循為太保，廣州刺史曲江侯勃為司空，並徵入侍。循受太保而辭不入。勃方謀舉兵，遂不受命。」侯景之亂，蕭循和蕭勃割據一方，自蕭繹仍為湘東王，經其稱帝與滅亡，又北齊逼迫王僧辯扶植蕭淵明，至陳霸先迎敬帝蕭方智取而代之，始終未真正服從。地方將官豪族，如：豫章熊曇朗，臨川周續、周迪叔侄，晉安陳羽、陳寶應父子，東陽留異……等，見《南史》，卷80〈賊臣傳〉。

〔註8〕　這一年南朝的情勢混亂，年號亦紊亂，據《通鑑》，卷164〈梁紀二十‧簡文帝大寶二年〉：七月，侯景「廢帝為晉安王」，立蕭棟，改元「天正」；十一月，「（侯）景即皇帝位」，改元「太始」。為求明晰，本文從《通鑑》，仍採用「大寶二年」紀年。

－236－

蕭繹再三阻撓其他宗室討伐，又在侯景來襲時無力抵抗，再次割讓城池以乞求西魏軍援，引發原本受其節制的蕭循等人不滿，轉而傾向武陵王蕭紀。由此可知「湘東王不忠」情事昭然，未能杜天下悠悠之口，而當時除了侯景之外，還有蕭紀等割據勢力，其聲勢並不遜於蕭繹。

　　蕭繹於擊滅侯景之後即帝位，然《通鑑》卷一百六十四〈梁紀二十・元帝承聖元年（552）〉云：

> 十一月，丙子，世祖即皇帝位於江陵，改元。……侯景之亂，州郡太半入魏，自巴陵以下至建康，以長江爲限，荊州界北盡武寧，西拒硤口，嶺南復爲蕭勃所據，詔令所行，千里而近，民戶著籍者，不盈三萬而已。

蕭繹雖自號皇帝，但在這片狹小的領土中，臣民寡少。如果從時間來看，武陵王蕭紀稱帝，還比他更早七個月：

> 益州刺史、太尉武陵王紀，頗有武略，在蜀十七年，南開寧州、越巂，西通資陵、吐谷渾，內修耕桑鹽鐵之政，外通商賈遠方之利，故能殖其財用，器甲殷積，有馬八千匹。聞侯景陷台城，湘東王將討之，謂僚佐曰：「七官文士，豈能匡濟？」內寢柏殿柱繞節生花，紀以爲己瑞。（四月）乙巳，即皇帝位，改元天正。

蕭紀治理蜀地，在武功、政績、經濟各方面似乎都勝過蕭繹統御的區域。對於蕭紀稱帝，《梁書》卷五十五〈武陵王紀傳〉云：

> 初，天監中，震太陽門，成字曰「紹宗梁位唯武王」，解者以爲武王者，武陵王也，於是朝野屬意焉。及太清中，侯景亂，紀不赴援。
>
> 高祖崩後，紀乃僭號於蜀。

可見武陵王蕭紀聲勢曾凌駕於湘東王蕭繹之上，爲眾望所歸的帝位繼承人選。至於《梁書》指責侯景之亂，蕭紀不出兵赴援，蕭繹亦難辭其咎，《南史》卷八〈梁本紀下〉直指：「屬君親之難，居連率之長，不能撫劍嘗膽，枕戈泣血，躬先士卒，致命前驅。遂乃擁眾逡巡，內懷觖望，坐觀國變，以爲身幸。不急莽、卓之誅，先行昆弟之戮」，事實上蕭繹於勤王之怠忽亦不下於蕭紀，殘害宗室則遠有過之。何況，蕭紀之所以未討伐侯景的原因不明，《通鑑》認爲是蕭繹畏懼其聲威，因此刻意阻撓他出軍，［註9］兩書各執一詞，亦不能以

〔註9〕　《通鑑》，卷163〈梁紀十九・簡文帝大寶元年〉：五月，「太尉、益州刺史武陵王紀移告征、鎮，使世子圓照帥兵三萬受湘東王節度。圓照軍至巴水，繹

《梁書》所言為準。

至於《梁書》指責蕭紀「僭號」、「竊位」，〔註10〕然自承制以降，蕭繹又何嘗不是自封竊位！以湘東王之名位較其餘蕭梁宗室來得正當，實為後世視梁元帝為正統之史家，依成王敗寇之標準而作出的判斷。試觀《通鑑》卷一百六十三〈梁紀十九・簡文帝大寶元年〉載：

> 武陵王紀帥諸軍發成都，湘東王繹遣使以書止之，……別紙云：「地擬孫、劉，各安境界；情深魯、衛，書信恆通。」

當兩人皆為諸王時，蕭繹在信中以三國吳、蜀形勢與春秋列國關係，比擬自己與蕭紀，並不敢以上位者自居。至兄弟雙雙稱帝之後，《梁書》卷五十五〈武陵王紀傳〉載：

> 時陸納未平，蜀軍復逼，物情恇擾，世祖憂焉。……六月，……世祖與紀書曰：「……今遣散騎常侍、光州刺史鄭安忠，指宣往懷。」仍令喻意於紀，許其還蜀，專制岷方。紀不從命，報書如家人禮。

蕭繹雖試圖堅持自己為合法帝王，仍不敢對蕭紀嚴詞以對，允許其於形式上稱臣，即可保有原本地位。同時，「武陵王兵下又甚盛，江陵公私恐懼，人有異圖」，〔註11〕不僅蕭繹本人對於自己的權勢前途無多信心，即使是其麾下將官也未必對這位領導者保持堅定的忠誠，視其為不可動搖取代的君主。

綜觀上述史事：湘東王蕭繹和武陵王蕭紀，分別為梁武帝七子和八子，一據江陵、一在成都，原本立場相近。蕭紀曾為朝野屬意、眾望所歸的繼位者，又比蕭繹早七個月稱帝，直至最終決戰，兄弟兩人實處於分庭抗禮的局面，手足相殘，雙方皆難辭其咎。至於成王敗寇，鹿死誰手，無人能事先逆料；何者屬僭越，實為後人據其勝敗所強加。傳統史書囿於正統觀，必以逆順論之，無可厚非，然而，今日固不必因蕭繹為勝利者而為合法帝王，更不得因而誤判兩人在割據時期的地位與影響力。

另從外交角度來看，雖然同樣為割據勢力，但武陵王蕭紀的獨立自主實

授以信州刺史，令屯白帝，未許東下」；十一月，「武陵王紀帥諸軍發成都，湘東王繹遣使以書止之」，則蕭紀為討伐侯景，先派世子蕭圓照帥兵，願意受蕭繹指揮，不被接納後又自行出軍，仍被蕭繹阻攔。事若屬實，則《梁書・武陵王紀傳》所稱「侯景亂，紀不赴援」實為誣控，蕭紀之無法赴援，乃蕭繹一手造成。蕭繹曾有阻礙其他宗室如蕭綸等討伐侯景的前例，故《通鑑》記載的可信度極高。

〔註10〕《梁書》，卷5〈元帝紀〉云：「太尉武陵王紀竊位於蜀」。
〔註11〕《南史》，卷64〈王琳傳〉，頁408。

遠勝湘東王蕭繹。蕭繹同時向北朝兩國屈膝稱藩、割地乞師，其卑劣低微的情狀，於諸割據勢力中可說特別明顯。在對抗蕭紀時，蕭繹也借用了西魏的力量，《通鑑》卷一百六十五〈梁紀二十一・元帝承聖二年（553）〉：

> （二月）上（蕭繹）聞武陵王（蕭）紀東下……甚懼，與魏書曰：「子糾，親也，請君討之。」太師泰曰：「取蜀制梁，在茲一舉。」……泰乃遣迥督開府儀同三司原珍等六軍，甲士萬二千，騎萬匹，自散關伐蜀。……紀頓兵日久，頻戰不利，又聞魏寇深入，成都孤危，憂懣不知所爲。

蕭繹乞師於西魏，使原本實力較強的蕭紀背腹受敵而戰敗。事實上，通觀蕭繹爭霸的過程，在討伐侯景時幾乎沒有借用到北朝的軍力，卻總是在與宗室相殘時遣使求助。宗室相爭本爲內亂，蕭繹卻向國外求援，實有賣國通敵以取勝的嫌疑。〔註 12〕這場兄弟鬩牆的結果，雖由蕭繹獲勝，卻也給予西魏可乘之機，加速了自己的滅亡。另外，蕭紀被滅後，原本據有的地區爲西魏所佔領，〔註 13〕這意謂著蕭繹雖然弭平了國內一大敵對陣營，但本身的勢力擴展極爲有限，仍未眞正主宰蕭梁原有領土。〔註 14〕

　　縱覽梁元帝政權之興亡：太清三年（549）二月，侯景入臺城後，蕭繹始割據一方；稱帝而改元承聖（552），已是其年十一月；次年七月始平蕭紀；三年（554）十月即爲西魏所滅。前後歷時約五年七個月，其中爲帝時間未滿二年，而開頭十個月，還有蕭紀與之分庭抗禮，所以，蕭繹眞正成爲江南唯一君王，僅十五個月左右。換言之，即使梁元帝曾爲南朝的軍政重心，充其量也只有短短的一年多而已，〔註 15〕絕大部份時間，湘東王蕭繹不過爲蕭梁諸割據勢力之一罷了！

〔註 12〕　《梁書》，卷 55〈武陵王紀傳〉中於蕭繹乞師西魏以夾攻蕭紀之事，全然不提。

〔註 13〕　《通鑑》，卷 165〈梁紀二十一・元帝承聖二年〉，頁 5103。

〔註 14〕　《梁書》，卷 44〈楊乾運傳〉載：「時（蕭）紀與其兄湘東王繹爭帝，遂連兵不息。乾運兄子略説乾運曰：『自侯景逆亂，江左沸騰。今大賊初平，生民離散，理宜同心戮力，保國寧民。今乃兄弟親尋。取敗之道也。……』」參見《通鑑》，卷 165〈梁紀二十一・元帝承聖二年〉：「（楊乾運）與法珝皆潛通於魏」，可見在當時蕭梁將領眼中，蕭繹和蕭紀兄弟，實無順逆之分，而以君王自居的蕭繹既乞求西魏夾擊蕭紀，不附從雙方的將領改投西魏，亦無可厚非。此種情形又進一步削減了蕭梁的領土。

〔註 15〕　即使是這一年三個月中，南朝仍有蕭勃、周續、陳羽……等全不奉命或僅名義臣服的眾多割據勢力，另外，還有西魏支持的蕭詧，而北齊亦試圖另立湘潭侯蕭退爲傀儡政權。

　　猶如北魏道武帝拓拔珪復國之初，代／魏的國際地位絕非像《魏書》所述那般重要，《梁書》將號稱「梁元帝」的蕭繹視為侯景之亂以後割據時期的南朝政權重心，亦是傳統史書按照正統觀敘述形成的假象。此種立場，在必須尊奉一正統政權的古代官修史書中原本無可厚非，但若以此判斷當時的軍政地位和形勢，則有極大的商榷空間。由史書上記敘的相關事件來看，蕭繹稱帝時間相當短暫，對多數割據勢力與領土區域更無統御之實。

　　除了在南朝的內部地位並未真正獨大，蕭繹對北朝的國外關係亦表現出類似情況。首先，蕭繹稱帝前，曾先後向西魏和北齊稱藩，當時許多南朝割據勢力亦如是，故彼此在名位上並無明確高低可言。其次，由北朝的角度來看，在擊敗蕭紀之前，蕭繹勢力既未鞏固，更無人能事先預知勝者為誰，故西魏與北齊兩國便無理由特別厚待蕭繹。《北齊書》卷十六〈段榮附子韶傳〉記載，直至梁元帝承聖三年六月，北齊冀州刺史段韶仍云：

　　　　自梁氏喪亂，國無定主，人懷去就，強者從之。（陳）霸先等智小謀
　　　　大，政令未一，外託同德，內有離心。

即指出當時南朝情勢紛亂，即使表面上服從的將領如陳霸先等，都不免懷有二心，遑論其餘不遵號令之勢力，根本未將梁元帝視為領袖。同時，北朝也未視蕭繹為江左唯一政權，對彼此邦誼亦不重視，故蕭繹在位時，北齊欲扶植湘潭侯蕭退，蕭繹被滅後，又強逼王僧辯等人廢蕭方智，改奉蕭淵明為主，而「詔以梁散騎常侍、貞陽侯蕭（淵）明為梁主」，〔註16〕給予地位一如當初加諸蕭繹的，反映出當時北齊視梁元帝為隨時可被他人取代的傀儡政權。至於西魏方面，不僅長期扶植蕭詧為傀儡政權，更在接受蕭繹的請求攻擊武陵王蕭紀時，即意圖「取蜀制梁」，開始佈署對蕭繹的最後攻擊，即先將蕭繹視同蕭詧，復與蕭紀平等看待。易言之，雖然蕭繹自詡為蕭梁正統，後世史書也以「梁元帝」稱之，但是，當時北朝兩個政權幾乎都未真正承認其地位。

　　此種情形反映在外交上，可推知蕭繹絕大部份時間是以藩屬地位向北齊與西魏乞援朝貢。對於雙方往來的狀況，《北齊書》卷四〈文宣紀〉中記載「梁（湘東）王蕭繹遣使朝貢」，稱帝後則記載「梁帝遣使來聘」，反映出前後有別的外交關係，而雙方六次的外交事件，僅最後一次記為平等聘問。〔註17〕

〔註16〕《北齊書》，卷4〈文宣紀〉，頁34。
〔註17〕《南史》卷8〈梁本紀下〉，頁77和《通鑑》，卷165〈梁紀二十一・元帝承聖三年〉，頁5111中，還記有三月己酉另一次遣使，《北齊書》缺載。

　　另一方面，《周書》卷二〈文帝紀下〉云：「梁元帝遣使請據舊圖以定疆界，……言辭悖慢」，顯示蕭繹在稱帝之後，曾經改變雙方往來的稱謂禮節，不願再以西魏的藩屬自居。然而，此次遣使與西魏出軍江陵在時間上太過緊湊，之後梁元帝又遣使西魏三、四次，皆因察覺對方即將揮軍進犯，而派人前往觀望或求和，故西魏很可能始終沒有接受雙方以平等地位進行外交。

　　蕭繹政權既長期作爲附庸藩屬，與北朝兩國外交的形式內涵，自然無法與梁武帝時代相同。再者，單論本身的條件，梁元帝又如何與梁武帝相提並論？過去東魏使節聘梁，見到的首都建康乃「四十七年，境內無事，公卿在位及閭里士大夫罕見兵甲」的太平盛況，然侯景之亂以後，江左受到嚴重破壞，太清三年（549），「十一月，百濟遣使入貢，見城闕荒圮，異於向來，哭於端門」，〔註 18〕當時「建康凋殘」，以致承聖二年（553），梁元帝考慮遷回舊都又作罷，但原本只是地方刺史所在的江陵，於戰亂中倉促易制，豈能與東晉至蕭梁數代經營的首都相比！百濟以藩屬身份至建康朝貢，其使節曾爲景物全非而感傷，而西魏與北齊使節代表宗主國前來，姿態已高，面對江陵這個臨時首都，更無法產生過去那種傾慕的心情，倘若談及首都所象徵的政權地位，可以想見蕭繹毫無辯駁空間，只能接受被貶抑的事實。〔註 19〕

　　另外，梁元帝能夠號令的區域有限，臣民寡少，所以選使情況亦無法像過去梁武帝時期那般由全國菁英之內擢舉，僅能在投奔他的有限士人之中遴選。此時對於雙方交聘的記載極爲疏略：目前所知蕭繹對北齊的八次遣使，竟有六次使節名姓不詳！至於派遣到西魏的使節，姓氏雖多數可考，卻只有庾信和王固較爲知名，在一定程度上即反映了外交內容乏善可陳，不足以記載。從政權地位、國內景況，乃至於人才質量的減退，過去南朝人士對北魏的譏嘲似乎都在自己身上重演了。

　　就南朝或北朝而言，蕭繹的稱帝均無決定性的意義，亦即侯景之亂後，蕭梁並沒有產生一個眾望所歸的中央政府。所謂「弱國無外交」，形勢導致的不平等關係造成了南北雙方立場的徹底改變。南北朝的外交關係，由軍事微

─────────────────────

〔註 18〕　《通鑑》，卷 162〈梁紀十八・武帝太清三年（549）〉，頁 5030。參見《梁書》，卷 56〈侯景傳〉，頁 218，記於十二月。

〔註 19〕　《陳書》，卷 24〈周弘正傳〉中載梁元帝「朝議遷都」，周弘正云：「黔首萬姓，若未見輿駕入建鄴，謂是列國諸王，未名天子」，臣屬亦指出梁元帝未入主原本首都，於政權正統象徵意義則有缺憾。這也再次顯示，至滅亡前夕，梁元帝的地位仍未得到當時江左人士廣泛認同，僅被視爲諸王之一。

妙平衡、北朝略居文化弱勢的情況，頓時轉爲南朝在軍政層面極度卑微的局面。

第二節　北齊與陳朝的外交

在梁元帝爲西魏所滅後，南北之間不平等的地位依舊。蕭氏殘存勢力裏，蕭詧爲西魏所扶持；蕭淵明爲北齊指派，獨立性更低於蕭繹，即使在陳霸先掌政之初，都向北齊自請爲附庸。此種情形使得陳朝初期的外交便處於弱勢，連帶地影響了文化層面的交流。

另一方面，北齊代東魏之後，高氏成爲名實相符的統治家族，其鮮卑化之深，反而超過漢化後的拓拔氏，加上君王代易極快，又多半不重視文化政策，使得北齊在外交的方針亦逐漸紊亂，而不復東魏時期的水準。

一、北齊與梁末南使

雖然《北齊書》曾一度將蕭繹稱帝後的遣使由「朝貢」改爲平等「來聘」，事實上，東魏亦試圖繼續維持與南朝間的上下關係。所以，繼扶植湘潭侯蕭退失敗後，仍欲再立一傀儡政權，梁元帝爲西魏所滅後，王僧辯扶持蕭方智爲梁王，北齊立即派軍遣送蕭淵明回到南方，逼迫王僧辯接納他爲新主。之後，陳霸先又廢蕭淵明、再立蕭方智，但仍向北齊擺低姿態求和。

與梁元帝比較起來，[註20]北齊與王僧辯主政時蕭梁的往來，留下的資料較爲詳明。不過，此一關係建立之時，形勢混亂，外交人員往返的情況更近似軍中使節，而非正式聘問。例如《通鑑》卷一百六十六〈梁紀二十二·敬帝紹泰元年（555）〉載：

> 正月辛丑，齊立貞陽侯淵明爲梁主，使其上黨王渙將兵送之，徐陵、湛海珍等皆聽從淵明歸。……二月，齊主先使殿中尚書邢子才馳傳詣建康，與王僧辯書。

梁末的北齊使節中，知其姓名者亦多生平不詳，僅有邢劭最爲知名，身爲「北地三才」之一的他，在東魏時因「不持威儀」而被排除於使節名單外，卻在此特殊戰略時局中被派往蕭梁首都。不過，爲齊文宣帝傳詣於王僧辯並非正

[註20] 北齊赴蕭繹使節中，知其姓名者，只有曹文皎（二使）與謝季卿，而且南北史書均未載，僅見於《通鑑》，二人生平皆不詳。

式外交，事實上，此時北齊官員與蕭梁方面的接觸也都不是聘問，多半是締約盟誓。

　　至於當時蕭梁政府的眞正掌權者王僧辯，在北齊軍威之下，被迫讓原本擁立的蕭方智遜位於蕭淵明。在這個過程中，雙方有多次書信和使節往返，如《南史》卷六十三〈王神念附子僧辯傳〉載：

> 時齊文宣又納貞陽侯明以爲梁嗣，與僧辯書，并貞陽亦頻與僧辯書，論還國繼統之事。……僧辯遂謀納貞陽，仍書定君臣之禮。因遣第七子顯、顯所生劉，并弟子珍往充質，遣左戶尚書周弘正至歷陽迎（淵）明。又遣吏部尚書王通送啓，因求以敬帝爲皇太子。明報書許之。僧辯遣使送質于鄴。

蕭淵明當時受到北齊保護，王僧辯遣使，其實仍須至北齊軍中。至於遣使送質至首都鄴城，北齊既視梁爲附庸，宣武帝遣使傳詣給附庸國權臣王僧辯，雙方關係的地位落差更爲上下分明。

　　王僧辯派遣至歷陽蕭淵明之處的官員，包括遞送書信的吏部尚書王通、員外常侍姜罿，以及負責迎接重任的周弘正；前往北齊首都鄴城的，除了使節曹沖，還有充當人質的王僧辯之子王顯、姪王世珍和王顯之母劉氏。〔註21〕其中多數人生平不明，如：琅邪臨沂王通「祖份，梁左光祿大夫。父琳，司徒左長史。琳，齊代娶梁武帝妹義興長公主」，「起家國子生，舉明經」，〔註22〕家世與官位均高，而才華聲名並不甚突出。

　　周弘正曾兩次前往尚未返江左的蕭淵明之處，後於陳朝初文帝永定元年（557）又出使北周，爲梁末陳初最重要南朝使節之一。其人「醜而不陋，吃而能談，俳諧似優」，「博物，知玄象，善占候」，「善清談，梁末爲玄宗之冠」，「兼明釋典」，另外，他也能詩，「藝業通備，辭林義府」，可說才華面面俱到。在軍政關鍵時刻，如今北齊與蕭梁實質關係與名義地位落差頗大，所以採用非正式聘問的方式，〔註23〕卻派出才名均高的使者。不過，周弘正

〔註21〕 《梁書》，卷45〈王僧辯傳〉載王僧辯與蕭淵明書：「請押別使曹沖馳表齊都，續啓事以聞」；「員外常侍姜罿還，奉敕伏具動止」。後王僧辯爲陳霸先襲殺，充當人質的王顯等應即滯留北方。傳中又記其子王頠，「少有志節，恒隨從世祖，及荊城陷覆，沒于西魏」，《隋書》，卷76〈文學傳〉：「王頠字景文，齊州刺史頠之弟也。年數歲，值江陵陷，隨諸兄入關」，則王僧辯之子在父親被殺前，梁元帝滅亡時，已有多位入西魏。

〔註22〕 《陳書》，卷17〈王通傳〉，頁114。

〔註23〕 《陳書》，卷24〈周弘正傳〉，頁148與《南史》，卷34〈周朗附弟子弘正傳〉，

並未前往北齊首都，只和護送蕭淵明的北齊官員接觸，與正式聘問的交流亦頗不相同，未必會涉及文化競爭的事件。

至於蕭淵明登基後在位僅五個月左右（555.5～9），期間遣使向北齊稱藩朝貢，雙方的互動也留下了記載，《北齊書》卷四〈文宣紀〉：

> （555）壬子（3），齊主以梁國稱藩，詔凡梁民悉遣南還。……六月戊寅，梁主蕭（淵）明遣其子章、兼侍中袁泌、兼散騎常侍楊裕奉表朝貢。

確立與蕭梁的宗藩關係後，齊文宣帝為了表示恩義，送回流落在北方的江左人士。至於蕭淵明派去北齊的人員中，袁泌「清正有幹局，容體魁岸，志行脩謹」，[註24] 然而其餘學識與才華並不突出，事實上，以蕭淵明傀儡政權的藩屬地位，亦不太需要考慮在外交場合與宗主國較勁。在陳朝建立以前，梁末諸南朝勢力與北朝二國間的交流內容，大抵皆處於此種狀態。

二、陳朝遣使北齊紀錄之疏略

蕭淵明被迫遜位之後，梁敬帝蕭方智復立，此時由陳霸先主政，「仍請稱臣於齊，永為藩國。齊遣行台司馬恭與梁人盟於歷陽」，[註25] 北齊與蕭梁的關係依舊與先前相同。

梁敬帝在位時間不過二年，期間北齊曾兩次遣使，使節皆不詳。梁使方面，王廓和徐陵於紹泰二年北上。王廓為琅邪臨沂王泰之子，然而史書中並無其專傳。[註26]《陳書》卷二十一〈孔奐傳〉提及「都官尚書王廓，代有懿德，識性敦敏」，乃「敦重之才」，而非「文華之人」，條件似與先前蕭淵明派遣的袁泌較為相近。換言之，梁末的南朝使節並不特別以文學為選派標準。

至於徐陵曾於梁武帝太清二年（548）出使東魏，因侯景之亂而滯留於北方近七年，剛隨著蕭淵明南返，又再度被派為使節。[註27] 然而，此時蕭梁

頁 242。兩篇傳記皆未載周弘正兩度前往北齊，可能因為不是正式聘問，又事涉南朝為附庸地位之故。另外，兩相比較，《陳書》對周弘正頗有曲護美化之意，如其容貌言談之缺陷，均出自《南史》，而書中對周弘正在梁末周折依附於各政權勢力的過程，也記述得較詳實。

〔註24〕《陳書》，卷18〈袁泌傳〉，頁118。

〔註25〕《通鑑》，卷166〈梁紀二十二‧敬帝紹泰元年（555）〉，十月，頁5133。

〔註26〕《南史》，卷22〈王曇首附王泰傳〉，頁168～169。

〔註27〕《陳書》，卷26〈徐陵傳〉與《南史》卷62〈徐摛附陵傳〉皆云：「紹泰二年，又使于齊」，然確實時間不詳，或即擔任同年出使的王廓之副使。徐陵才華與

已淪爲附庸藩屬，所以徐陵此行的意義必不同於前回聘問。陳霸先主政下的蕭梁之所以派遣他，應是基於徐陵對北齊的認識較深，而非如梁武帝時期那般重視其才名。

當時蕭梁的國政和外交皆由即將篡立的陳霸先主導，可視爲日後陳朝外交的前緣。如此，陳朝的外交之始，實延續自北齊與梁末長期的宗藩關係，對南朝的地位頗有不利影響。

（一）陳朝首任使節：王瑜與袁憲

陳霸先篡位不久，即遣使至北齊與北周，〔註28〕應是想藉著外交來穩定剛建國的局勢，並得到鄰國對其政權地位的承認。不過，陳初的外交並不順利，北周沒有給予積極回應，〔註29〕北齊甚至扣留陳使。《陳書》卷二十三〈王瑒附弟瑜傳〉載：

> 永定元年（557），使於齊，以陳郡袁憲爲副，齊以王琳之故，執而囚之。齊文宣帝每行，載死囚以從，齊人呼曰「供御囚」，每有他怒，則召殺之，以快其意。瑜及憲並危殆者數矣，齊僕射楊遵彥憫其無辜，每救護之。天嘉二年還朝，詔復侍中。

當時故梁湘州刺史王琳拒絕接受陳霸先招納，並向北齊請求送回永嘉王蕭莊，接續蕭梁政權。北齊支持此一新建藩屬，自然對新建的陳朝態度不甚友善。所謂「供御囚」，亦見於《北史》卷七〈齊本紀中・顯祖文宣皇帝〉，則王瑜和袁憲不僅被扣留，〔註30〕還與供北齊文宣帝刑殺取樂的死囚同列，幾乎遭受殺害，受到的待遇比過去南北衝突時期的雙方使節更加苛刻。

值得注意的還有《北史》對於陳朝的遣使，前後所述內容不同。卷七〈齊

名聲均高，然於梁武帝時擔任謝挺之副使，其後於陳初出使北周，亦爲周弘正之副使，倘若加上紹泰二年，則徐陵三次出使北朝，始終擔任副使，而除了周弘正，另外兩人的才名皆無法與他相提並論；換言之，梁、陳時期安排主使、副使人選時，未必以才名爲首要考量。

〔註28〕 陳霸先代梁，改元永定（557），在其年十月乙亥，隨即遣使北齊；次月又遣使北周。

〔註29〕 《通鑑》，卷168〈陳紀二・文帝天嘉元年（560）〉載：「江陵之陷也，長城世子昌及中書侍郎項皆沒於長安。高祖即位，屢請之於周，周人許而不遣。」之後兩年間，三國皆無互使，僅北齊遣使傀儡政權蕭莊。

〔註30〕 《陳書》，卷23〈王瑒傳〉云王瑜「美容儀，早歷清顯」；卷17云其父王沖，「琅邪臨沂人也。……沖性和順，事上謹肅，習於法令，政在平理，佐藩莅人，鮮有失德，雖無赫赫之譽，久而見思」，王瑜之兄王瑒亦同，可知其家風平和，非以文才或辯才爲長。

本紀中‧文宣帝〉載，天保八年（557）：

> 冬十月乙亥，梁主蕭方智遜位於陳。陳武帝遣使稱藩朝貢。

然而，卷八〈齊本紀下‧世祖武成帝〉，河清元年（562）：

> 二月……乙卯，……詔散騎常侍崔瞻聘于陳。……秋七月，……癸
> 亥，……陳人來聘。

「稱藩朝貢」與「來聘」的差異，可能反映出陳朝初立後的首次遣使，還延續著梁末的卑弱情勢。再過三年，亦即天嘉二年（561），陳文帝才與北齊、北周開始建立較穩定外交關係，可說北朝二國始真正承認了陳朝的地位。至此，南朝先後政權勢力淪為北朝附庸已長達十年，這段期間江左對南北交流空前慎重，然外交中的文化內涵卻大不如以往。

（二）陳、齊穩定外交開始：劉師知與江德藻

天嘉年間，陳朝與北齊穩定的外交關係開始，主要進行戰俘或人質遣返等實務。《陳書》卷十四〈南康愍王陳曇朗傳〉載：

> 天嘉二年，齊人結好，……世祖詔曰：「……南康王曇朗，明哲懋親，
> 蕃維是屬，入質北齊，用紓時難。皇運兆興，未獲旋反，永言趺予，
> 日夜不忘。齊使始至，凶問奄及，追懷痛悼，兼倍常情，宜隆寵數，
> 以光恆序。……」乃遣兼郎中令隨聘使江德藻、劉師知迎曇朗喪柩，
> 以三年春至都。

陳霸先姪兒陳曇朗，在梁末被送往北齊充當人質，後來因雙方交惡被殺。陳朝建立，遙封陳曇朗為南康郡王，至文帝時，北齊答應歸還其柩，是雙方合解的象徵。此次陳朝派遣的使節為劉師知與江德藻，《陳書》卷十六〈劉師知傳〉載：

> ……師知好學，有當世才。博涉書史，工文筆，善儀體，臺閣故事，
> 多所詳悉。……紹泰初，高祖入輔，以師知為中書舍人，掌詔誥。
> 是時兵亂之後，禮儀多闕，高祖為丞相及加九錫并受禪，其儀注並
> 師知所定焉。高祖受命，仍為舍人。性疏簡，與物多忤，雖位宦不
> 遷，而委任甚重……。及高祖崩，六日成服，朝臣共議大行皇帝靈
> 座俠御人所服衣服吉凶之制，……中書舍人江德藻、謝岐等並同師
> 知議。……初，世祖敕師知撰起居注，……起為中書舍人，復掌詔
> 誥。……世祖崩，預受顧命。及高宗為尚書令，入輔。

劉師知為陳霸先舊日屬下，是陳代梁的重要參與者，官歷陳初三朝，直到廢

帝時仍是政壇舉足輕重的人物。在兩國建交初期選擇他擔任使節，代表的意義與齊高帝蕭道成派遣孔邀與何憲類似，重視的是實際政治問題。

　　再由陳霸先駕崩後的喪儀之議來看，劉師知和江德藻關係密切良好，事實上，後者同樣是陳霸先在梁末的舊屬，《陳書》卷三十四〈文學傳・江德藻〉載：

> 德藻好學，善屬文。……及高祖爲司空、征北將軍，引德藻爲府諮議。……陳臺建，拜尚書吏部侍郎。高祖受禪，授祕書監，兼尚書左丞。尋以本官兼中書舍人。天嘉四年，兼散騎常侍，與中書郎劉師知使齊，著《北征道理記》三卷。

江德藻和劉師知同樣在陳朝政壇受到重視，而文才學識，亦皆堪爲良使，江德藻將出使見聞寫作成書，更可見當時對北朝的重視。不過，劉師知「家世素族」，與齊、梁以來主使多數出身世族，稍有不同，多少反映出此時外交在接續過去重視人才素養的同時，首先考慮的還是在軍政等實際事務上的處理能力。

（三）姓名不詳的陳朝使節與寒門出身的陳昭

　　南北雙方建立起較穩定的關係後，陳朝的遣使紀錄卻極爲疏略。在江德藻和劉師知之後，天嘉三年至六年（562～565），這三到四年之間，陳朝至少曾六度遣使，維持一年一使或二遣，可說極爲頻繁，然而使節姓名卻全無可考。相對地，同一時期北齊赴陳使節幾乎全有記載，僅天嘉六年十月辛亥（565）一次姓名不詳。南北相關史料的詳略差異懸殊。

　　至天嘉七年（566），〔註31〕以蕭梁名將陳慶之長子陳昭擔任使節，與劉師知同樣非高門勢族出身。〔註32〕在這先後兩位寒門使節之間，使節姓名均無可考的情況下，不免令人懷疑：陳、齊外交初期，陳朝挑選使節的標準是否並未如過去蕭梁與東魏時期般全面講究。

　　在《梁書》和《南史》的〈陳慶之傳〉中，陳昭皆僅被提及名字，亦無

〔註31〕陳昭出使時間亦不詳，僅能以《北史》來大致推算：卷20〈尉古眞附從玄孫瑾傳〉記載尉瑾使梁（545），陳昭爲他看相，說尉瑾二十年後當爲宰相，後來果然如其言。又陳昭使齊，尉瑾「時兼右僕射」，而卷8〈齊本紀下・後主〉載：天統二年正月，「丙申，以吏部尚書尉瑾爲尚書右僕射」，二月，「壬子，陳人來聘」，「十二月乙丑，陳人來聘」，次年則無遣使紀錄，所以，陳昭應於此年來聘，但陳朝於二月和十二月皆遣使北齊，並不確定陳昭爲哪次。
〔註32〕《南史》，卷61〈陳慶之傳〉云：「梁世寒門達者唯慶之與俞藥」。

記其出使情事，反而《北史》卷二十〈尉古眞附從玄孫瑾傳〉敘述他出使時的佚事。另外，《酉陽雜俎》卷十二〈語資〉中，記載了梁武帝大同十一年（545）陳昭和徐陵等接待尉瑾和魏師肇時的部份談話，雖無特出表現，但可以確定他早在蕭梁時已有過外交工作經驗。

陳昭的才華亦鮮見記述，其弟陳暄「學不師受，文才俊逸」，「後主之在東宮，引為學士。及即位，遷通直散騎常侍，與義陽王叔達、尚書孔範、度支尚書袁樞、侍中王瑳、金紫光祿大夫陳褒、御史中丞沈瓘、散騎常侍王儀等恒入禁中陪侍游宴，謂為『狎客』。暄素通脫，以俳優自居，文章諧謬，語言不節」，〔註33〕在陳末可謂知名文人。陳昭在詩文、口才上似未如陳暄那般受矚目，然《文苑英華》卷三百零六載錄其〈聘齊經孟嘗君墓〉等詩，應該也具備相當的文學才華。

另外值得注意的是：陳昭於梁武帝時擔任對接，直到二十年後再出使，年紀必然不輕。相對地，當時的東魏使節如魏收及尉瑾等，此時幾乎不太可能再出使。陳朝出於現實需求派遣使節，很可能無法再顧及過去「官位已高，非復行限」等選使標準，無法只考慮採用後進新秀與北齊交涉，而改任有接觸北人經驗、才名較高者為使節。當然，選使標準並非明文規定，亦可能有其他考量因素。無論如何，過去讓政府一再斟酌的各種因素，如家世、年齡和官位高低等，在這一階段已不再那麼重要。

（四）出使時日不詳的江總、陸瓊與傅縡

由陳廢帝光大元年（567）至宣帝太建二年（570）這段期間，在《陳書》與《北齊書》帝紀裏，僅有北齊遣使而無陳朝遣使的紀錄。不過，於各史書卷帙的字裏行間，仍可搜尋到江總與陸瓊等少數人出使的相關記載，即屬此一時期。事實上，長達四、五年的時間，僅有北齊單方面頻繁地遣使並不合理，而這些零星的記載正補充了紀錄上的空白。

江總出使一事，南朝史書未見，反而《隋書》卷四十二〈李德林傳〉載：

> 德林美容儀，善談吐，齊天統中，兼中書侍郎，於賓館受國書。陳
> 使江總目送之曰：「此即河朔之英靈也。」

早在蕭梁與東魏建立外交初期（537），江總即曾與徐陵同時被選為使節，最終兩人都推拒未行。如今江總年逾四十五，〔註34〕才名更顯，反而受命出使，

〔註33〕同上註，頁394。
〔註34〕《陳書》，卷27〈江總傳〉：「及魏國通好，敕以總及徐陵攝官報聘，總以疾不

或許表現出陳朝對外交的重視。不過，以江總聲望之高，於梁時推拒出使東魏之事尚留下記載，但代表陳朝的出使紀錄卻幾無可尋，〔註35〕可能與此一時期遣使記錄之闕失相似，都透露出當時陳朝在外交場合中的弱勢。

　　天統是北齊後主第一個年號，前後五年（565～569）都以被尊爲太上皇帝的武成帝爲實際掌政者，直至天統四年十二月駕崩。史書所謂李德林於「天統中」出使，由二年至四年皆有可能，而陳天嘉七年（566）有兩次遣使北齊的紀錄，所以江總的出使時間，甚至可能早於陳昭，亦可能晚於廢帝光大年間（567～568）的陸瓊。《陳書》卷三十〈陸瓊傳〉載：

　　……瓊幼聰惠有思理，六歲爲五言詩，頗有詞采。……博學，善屬文。……瓊素有令名，深爲世祖所賞。及討周迪、陳寶應等，都官符及諸大手筆，並中敕付瓊。……兼通直散騎常侍，聘齊。太建元年，重以本官掌東宮管記。……又領大著作，撰國史。後主即位，直中書省，掌詔誥。

陸瓊才學俱佳，出使回國後又掌東宮管記，成爲太子儲君的臣佐，而《陳書》卷二十七〈姚察傳〉載：

　　（姚察）使還，補東宮學士。于時濟陽江總、吳國顧野王、陸瓊、從弟瑜、河南褚玠、北地傅縡等，皆以才學之美，晨夕娛侍。〔註36〕

同時受太子陳叔寶寵遇的才學之士中，姚察曾使周，而江總、陸瓊和傅縡亦曾使齊，他們出使歸來後再入東宮，表示在儲君身邊安排著多位較了解北朝情況的臣屬。由這些人受寵的情況看來，陳朝中期，使節的才學受到了更高的重視，可謂盡一時之選。如《陳書》卷三十〈傅縡傳〉：

　　縡幼聰敏，七歲誦古詩賦至十餘萬言。長好學，能屬文。……王琳聞其名，引爲府記室。琳敗，隨琳將孫瑒還都。……兼通直散騎侍郎使齊，還除散騎侍郎、鎮南始興王諮議參軍，兼東宮管記。歷太子庶子、僕，兼管記如故。後主即位，遷祕書監、右衛將軍，兼中書通事舍人，掌詔誥。縡爲文典麗，性又敏速，雖軍國大事，下筆輒成，未嘗起草，沉思者亦無以加焉，甚爲後主所重。

行」；「開皇十四年（594），卒於江都，時年七十六」。

〔註35〕《南史》，卷36〈江總傳〉於二事皆未記述，這與過去齊、梁時期使節在南四書中未提及其出使事，往往在《南史》有補記的情況相反。

〔註36〕參見《陳書》，卷30〈顧野王傳〉：「時宮僚有濟陽江總，吳國陸瓊，北地傅縡，吳興姚察，並以才學顯著，論者推重焉。」

傳縡曾爲王琳下屬，在王琳依附北齊扶立梁宗室蕭莊失敗後始歸陳，換言之，傳縡可能與北齊早有往來經驗。由他曾爲陳霸先敵對勢力一份子的特殊背景和政府不避忌的情況，可以看出陳朝對外交的重視。出使歸國之後，傳縡受到的恩遇就更高了。

不過，傳縡出使之事雖見於其本傳，在南朝史書其他卷帙中卻別無紀錄，而北朝史書則曾提及，《隋書》卷五十七〈薛道衡傳〉載：

歲餘，兼散騎常侍，接對周、陳二使。武平初，詔與諸儒修定五禮，除尚書左外兵郎。陳使傳縡聘齊，以道衡兼主客郎接對之。縡贈詩五十韻，道衡和之，南北稱美，魏收曰：「傳縡所謂以蚓投魚耳。」

由此方知，傳縡出使時間在北齊武平年間，〔註 37〕而且是目前可考的記載之中，齊武成帝駕崩、後主眞正執政後，第一位姓名可考的陳朝使節。事實上，傳縡之後的陳使中，也只有蕭密一人可考。

另外值得注意的是，過去在東魏對蕭梁時期的外交中，已常有北方官員言詞勝過南人的記載，可是在詩文寫作方面，北人的表現頂多被稱爲優秀而已，至於像這類北人在寫作上勝過南人的事件，可說是首次出現。不論從文學或文化地位的變遷而言，都極富象徵意義。

陳朝聘北魏中晚期的使節們，有不少位是極富文才之士，與蕭齊竟陵八友參與對北魏外交工作的情況，頗爲相似。不過，在相關記載並未出現如同竟陵八友般曾兩人共同出使的盛況，無論這是事實如此，或記載疏失所導致，都顯示出此時對外交的態度，在某些層面甚至不若蕭齊愼重。諸人當時的名聲高度，未必不如竟陵八友，但日後受到的正面評價不多，這除了文風的差異以外，也可能基於政治等各種因素的干擾，故這些使節都未能替陳朝在外交及文化上加分，影響力也薄弱得多。

（五）北齊滅亡前的最後陳使蕭密

目前史料所見，傳縡之後，唯一可考的陳朝遣齊使是蕭密，《陳書》卷二十一〈蕭允附弟引傳〉載：

密字士機，幼而聰敏，博學有文詞。……密太建八年（576），兼散騎常侍，聘于齊。

〔註 37〕《北齊書》，卷 8〈後主紀〉，頁 54，武平二年記有二次陳朝遣使，仍不清楚傳縡是哪一次。武平是北齊後主最後一個年號，共七年（570～576），然後後主模仿其父傳位太子，並改元「承光」，同年亡國。

陳太建八年，即北齊武平六年，而次年，北齊即滅於北周，所以，蕭密出使
應是回應北齊向陳朝求救。事實上，北齊末年，遭受周、陳輪番侵犯，所以
最後幾年，齊、陳間很可能眞的沒有外交互使，而不再是記載疏漏。然而，
在傅縡與蕭密出使之間，長達五年左右，還是偶有零星互使紀錄，只是陳使
姓名皆不詳。

　　陳、齊外交前後約十五年之久，其間曾有數年中斷，然而陳遣使齊之可
考者，至少有十七、八次，其中卻只有六、七次的使節姓名留下，僅佔約三
分之一。嚴格來說，基於這麼疏略記載的相關分析，很難完整恰切反應陳朝
的外交政策和相關態度。

　　綜觀南朝外交史料記載，後不如前的情況，反而令人稱異。陳朝史書不
僅使節的姓名記載極疏漏，且其較知名者的傳記中，亦罕見其出使經歷，所
以，即使可考的聘使才學俱佳，史書於其出使過程之表現，卻比齊、梁使節
還少著墨。

　　另一方面，在過去南北外交的記錄，原本就是北朝較南朝的記載爲詳。
如今，北齊記載陳朝來使，不僅罕有使節名姓，甚至日期也諸多失載。如此
記載，甚至比南北外交初期的北魏和劉宋史疏略，反映此時北齊與南朝之外
交，不如北魏重視。

　　經蕭梁與東魏互使，南朝的基本態度有所改變，不再如北魏時期那麼輕
視中原地區文化，陳朝自然不像宋、齊初期對北魏外交那麼輕忽，派出幾位
知名才士充任使節，乃屬應有的措施，然而，若以史料所見，卻也未必多麼
周詳費心，更比不上齊、梁中晚期。換言之，陳、齊外交的實況不至如劉宋
輕視北魏時期那麼與文化關係淺薄，亦不復蕭梁與東魏般盛況。即使陳朝對
外交的用心未必遜於過去，卻更加務實，以致在與文化相關的文學或史學上
反而較無暇顧及。

　　雖然史料的缺乏，導致後人分析與推論存在許多變數，然而，值得注意
的是：不能因爲由宋至梁，南北外交文化的交流愈趨對等與熱烈，便認爲繼
起的陳朝會更進一步，或至少維持不變。雖有東魏對蕭梁外交的文化盛況，
但其後未必更進步。

三、北齊使節的際遇與鮮卑化的風氣

　　雖然雙方曾有不和，梁末陳初，北齊與南朝的外交關係，還是較西魏／

北周熱絡。在陳、齊、周三方互使期間，《北齊書》中所見的使節資料最詳，然而，北齊遣使陳朝，可考者至少有二十次，其中六次使節不詳，而齊後主執政時四次使節才名均不顯，易言之，仍有約一半次數的遣使記載不清。在北朝外交地位提高時期，對外交的重視，卻似不如過往。

（一）齊初外交與風氣的轉變

目前所知，北齊文宣帝、廢帝和孝昭帝前三朝，遣陳使節僅二次而已，其中第二次使節還不詳。事實上，廢帝和孝昭帝在位時間都只有一年左右，從天保八年（557）十月陳朝建立遣使前來，到孝昭帝皇建二年（561）十一月駕崩，時間僅四年餘。另外，因為陳霸先在梁末與北齊交惡；陳初遣使被扣留，也延後了雙方穩定外交的建立。

北齊遣陳的首位姓名可考的使節是魏愷，其出使時間亦有疑點，反映出當時相關史料的紊亂。《北齊書》卷二十三〈魏蘭根附族弟愷傳〉載：

> 明朗從弟愷，少抗直有才辯。……天保中，聘陳使副。還青州長史，固辭不就。楊愔以聞。顯祖大怒，謂愔云：「何物漢子！我與官，不肯就！明日將過，我自共語。」是時顯祖已失德，朝廷皆為之懼，而愷情貌坦然。顯祖切責之，……謂愔云：「何慮無人作官職，苦用此漢何為！放其還家，永不收採！」

陳朝初立，武帝遣江德藻與劉師知出使北齊，遭到扣留。按理，雙方在北齊放還兩人之前，不應再有互使。事實上，在其餘史書卷帙中，齊文宣帝一朝也沒有其他遣使陳朝的紀錄，而且，南北史書在書對方國名或年號時，偶有訛差，所以，魏愷亦可能早於梁末陳霸先主政時即已出使，當時北齊亦屬天保年間。

雖然魏愷的出使時間有疑點，相關史料仍可反映出當時北齊的諸多情況。天保五年（554），文宣帝「始行威虐」，其暴行逐漸司空見慣。將鄰國使節江德藻與劉師知扣留，甚至充作「供御囚」，反映其心神狀態已無法正常思考政務，〔註38〕對國際關係也未能妥善處置。對於首位遣陳使魏愷，回國之

〔註38〕 參考《北齊書》，卷4〈文宣紀〉，頁37～38；《北史》，卷7〈齊本紀中〉，頁81；《通鑑》，卷165〈梁紀二十一‧元帝承聖三年〉，頁5107；卷165〈梁紀二十一‧敬帝太平元年〉，頁5143。當時北齊留下了許多荒唐自欺的史料，在國際局勢方面，如：天保十年，「帝游宴東山，以關、隴未平，投杯震怒，召魏收於前，立為詔書，宣示遠近，將事西行。魏人震恐，常為度隴之計。然實未行」，宣稱文宣帝震怒下詔，西魏即欲舉國逃亡。胡三省《通鑑》註即反

後不肯聽命任官，文宣帝不僅未加優容善待，還下令永不錄用，而從他詬罵的用詞，更可以察見對漢族強烈的排斥。〔註39〕

　　此時北齊對漢文化的態度是較矛盾的。一方面，承襲北魏與東魏的遺產，漢文化水準原本較西魏與北周為高，不再那麼需要吸收南朝文化。另一方面，北齊代東魏後，鮮卑化極重的高家由實質的掌權者搖身成為名實相符的領導人，在短短的時日之內，文化風氣隨著軍政形勢造成極大變化。

　　事實上，早在北魏孝明帝「孝昌（525～527）之後，天下多務，世人競以吏工取達，文學大衰」，北方漢文化的部份領域已受時局與政壇務實風氣影響。尒朱氏與高氏先後專權，內亂外患不止，東西分裂（534），至禪位易代（550），二十餘年間，無暇休養生息，加上這些領袖人物都來自邊關，習於鮮卑習俗，既無餘裕亦無意向提振漢文化。《魏書》卷八十四〈儒林傳〉宣稱：「及遷都於鄴，國子置生三十六人。至於興和、武定之世（539～550），寇難既平，儒業復光矣」，然東魏官方教育如此人數規模，比之北魏初年，尚為遠遜。此外，孝靜帝一朝，除「齊文襄王入相，於第開講，招延時俊」；武定四年（546）「遷洛陽《石經》五十二碑於鄴」等聊聊象徵性舉措之外，於教育與文化並無任何實質建樹。況且，遷石經的同年稍後，十月，高歡西征慘敗，次年正月即逝世，遺言猶曰「今四方未定」，綜觀興和、武定年間，東魏軍事繁忙如故，所謂「寇難」從未平定，儒業復興，實亦虛言。〔註40〕基礎文教政策如此，對更廣泛的漢文化領域自然無暇顧及。

　　北齊開國，天保年間（550～559），文宣帝「雅重史事」，在三國鼎立局勢中，本為合理為政態度，然而，既沿承北魏末年的務實風氣，當初由洛陽

　　　　駁：「何得因西行一詔，便為度隴之計！此齊史官之華言耳。」魏收自言於北齊初年「專在史閣」，這個藉皇帝詔書宣揚自己文筆感染力的紀錄，極可能也出自他本人捏造。又如：「一日，泣謂群臣曰：『黑獺不受我命，奈何？』」此類出格的行徑，顯示文宣帝的精神狀態已無法正常思考國際局勢，對均勢之敵國尚且如此心態，至於南朝，自梁末以來，更習慣視為藩屬，處理雙方關係之態度可能更為惡劣。

〔註39〕另可參考〔南宋〕陸游，《老學庵筆記》（北京：中華書局，1997年），卷3，頁29，舉文宣帝詬罵魏愷一事為例，認為五胡時期始以「漢」為賤。

〔註40〕魏收《魏書》於北魏末至東魏部份的歷史，尚有許多刻意粉飾美化的不實敘述，而後世修史者往往未加細考即加抄襲，包括當權的高氏父子作為、軍事、文化與外交等。例如：對於北魏末年的選官等亂象，《魏書》聲言「齊文襄王始革其失」，《北史》則指出「遷鄴以後，大選之職，……互有得失，未能盡美。文襄少年高朗，所弊也疏」。

轉移至鄴城清談名士之風，必然持續遭到打擊。《北史》卷二十四〈崔逞附六世孫崔瞻傳〉載：

> 自天保以後，重吏事，謂容止醞籍者爲潦倒，而（崔）瞻終不改焉。

過去被讚揚的「醞籍」等標準，淪爲「潦倒」譏評，致使多數士人改易作風，影響廣泛。換言之，鮮卑化的高家由實質掌權者轉爲名實相符的領導人，進一步加速漢文環境的惡化。崔瞻等在東魏時期已爲談辯名士，之後更是北齊武成帝一朝首位知名使節，然而，在北齊初年卻仍不免經歷此種風氣之冷暖變化。

何況，天保年間如此風氣中，遭遇比崔瞻更不幸的漢族士人，大有人在，如《北齊書》卷二十四〈杜弼傳〉載：

> 顯祖嘗問弼云：「治國當用何人？」對曰：「鮮卑車馬客，會須用中國人。」顯祖以爲此言譏我。高德政居要，不能下之，乃於眾前面折云：「黃門在帝左右，何得聞善不驚，唯好減削抑挫！」德政深以爲恨，數言其短。……顯祖內銜之。弼恃舊，仍有公事陳請。（天保）十年夏，上因飲酒，積其愆失，遂遣就州斬之。

由此可見，文宣帝的排漢傾向，並不限於政務與文化，更影響官員任用，甚至涉及族群認同，而在鮮卑與漢族之間，北齊皇室高家實以前者自居。〔註41〕與過去北魏拓拔鮮卑皇室盡可能漢化以求漢族認同恰爲相反，北齊高家血緣上雖屬漢族，卻習於鮮卑風俗，而以漢人非我族類。既承北魏末年的務實風氣，復以鮮卑自居而輕視漢族，對於漢人與其文化自然有排斥之心。值得注意的是，杜弼自東魏時即爲高歡重用之漢族臣屬，他輕視鮮卑與重武輕文，在當時已如此，但高歡至多稍加威嚇，入北齊後，反而不見容於其子高洋。開國皇帝如此態度，可見北齊初年的胡漢對立，比東魏時期有過之而無不及。

又如，《北齊書》卷三十一〈王昕傳〉載：

> 文宣以昕疏誕，非濟世才，罵曰：「好門户，惡人身！」又有譖之者，云：「王元景每嗟水運不應遂絕。」帝愈怒，乃下詔曰：「元景本自庸才，素無勳行，……偏賞賓郎之味，好詠輕薄之篇，自謂模擬傖楚，曲盡風制。推此爲長，餘何足取！此而不繩，後將焉肅？在身

〔註41〕 可參考：〔清〕李慈銘，《桃花聖解盦日記》，辛集，第二集，云：「北齊以高氏，雖云渤海蓨人，而歡之祖徙古懷朔鎮，已同胡俗」，並舉文宣皇后李氏、廢帝高殷、高鄂與杜弼諸事爲例，證明高家成員「目中原人曰漢人」，而以鮮卑人自居。

官爵，宜從削奪。」於是徙幽州爲百姓。昕任運窮通，不改其操。
未幾，徵還，奉敕送蕭莊於梁爲主。……帝後與朝臣酣飲，昕稱病
不至。帝遣騎執之，見方搖膝吟詠，遂斬於御前，投尸漳水，天保
十年（559）也。

王昕曾是東魏孝靜帝天平五年（538）聘梁主使，表現優異。北齊天保九年
（558），又送蕭莊至郢州成立傀儡政權。蕭莊的「梁」政權爲北齊附庸，上
下關係明確，然雙方往來，制度仍帶有外交性質，由此可知王昕在相關事務
上受到的肯定。模擬南朝詩文等，原是王昕被選爲負責這些任務，並賴以爲
國爭光的才華，然而，在當今厭惡漢族的上位者眼中，反而成爲罪狀。在天
保年間維持既有作風的結果，是削職奪爵，殺身之禍。文宣帝先後處決王昕
和杜弼等漢族名士和重臣，罪狀又與漢族或其文化有關，對當時的風氣必然
造成極大衝擊。

　　值得注意的還有：文宣帝在詔書中批判王昕「模擬僭楚」——學習南朝
詩文，甚至加以推求窮究，頗有無限上綱的文字獄意味，可說當時的北齊在
一定程度上回到了北魏初期指責漢族士人「嘆服南人，則有訕鄙國化之意」，
無法容許傾慕南朝的氛圍，在漢文化方面的倒退不言可喻。

　　在王昕兄弟的際遇中，更可見此種排斥漢文化的風氣，綿延甚久。「（王）
昕母清河崔氏，學識有風訓。生九子，皆風流醞籍，世號王氏九龍。昕弟暉、
昭、晞、皓最知名」，王昕被殺，並未阻礙諸弟爲政府重用：王皓後來爲北
齊武成帝天統元年（565）六月聘陳使，王晞更爲北齊孝昭帝首要智囊。

　　文宣帝原本傳位廢帝高殷，而其叔常山王高演廢之篡位，即孝昭帝。最
初，在繼承人問題上，文宣帝亦顯示重鮮卑輕漢族的傾向，「每言太子『得漢
家性質，不似我』，欲廢之，立太原王」。〔註42〕時太子即日後的廢帝高殷，「溫
裕開朗，有人君之度，貫綜經業，省覽時政，甚有美名」，漢化頗深，故文宣
帝不喜。由欲改立一事，可知高殷之弟太原王胡化較深，則高家至第三代，
成員的漢化程度仍參差有別。

　　王晞早與常山王高演友善，「及文宣昏逸，常山王數諫，帝疑王假辭於

　　〔註42〕事見《北齊書》，卷5〈廢帝紀〉，高洋之言，與十六國前期後趙石勒感嘆太子
　　　　石弘「大雅愔愔，殊不似將家子」如出一轍，換言之，北齊高家的對漢文化
　　　　的認同程度，未必超過五胡十六國中後趙羯族石氏。又卷9〈文宣李后傳〉載：
　　　　「高隆之、高德正言：『漢婦人不可爲天下母』」，在皇后人選方面，重臣們亦
　　　　顯示排漢心態。

晞，欲加大辟」，〔註43〕曾被懷疑爲高演上諫代筆而獲罪，幾乎與其兄王昕同樣被殺。即使進入廢帝時期，高演將之視爲篡位的首要智囊，仍「以王晞儒緩，恐不允武將之意，每夜載入，晝則不與語」，以常山王皇叔之尊，在眾人面前，仍需假意疏遠文化素養較深的屬下，搏取武將的向心力和認同感，是入齊經一朝後，多數部屬仍重武輕文。這種風氣是高家藉重北魏六鎮將士崛起的遺緒，原本高家與部屬同樣習於鮮卑習俗，厭惡漢文化，即使北齊建立日久，上位者漢化稍深，亦需顧慮舊有部屬的心理平衡。〔註44〕

再度改朝換代後，王晞的立場依舊，武成帝高湛「本忿其儒緩，由是彌嫌之，因奏事，大被訶叱」，情形改善有限，由王晞的遭遇，漢人、儒者在北齊的處境可見一斑。由上述諸事可知，高澄、高洋、高演與高湛兄弟，或鮮卑化極深而厭惡漢文化，或顧全大局而向鮮卑習俗妥協，無論皇室素養或整體環境，北齊漢化水準比起魏拓拔（元）氏，遠爲不如。而這種情形，自開國文宣帝至武成帝，改善始終有限。

（二）武成帝一朝的使節

據目前史書所載，在魏愷之後，北齊又於天嘉二年（561）六月遣使至陳朝，即北齊孝昭帝皇建二年。此次使節不詳，但應有助於打開文宣帝所造成的外交僵局，而同年十一月，孝昭帝駕崩，北齊即進入武成帝時期。武成帝一朝爲北齊外交最重要的時期：不僅遣使次數最多、最頻繁，時間維持得最長，由史書看來，使節的平均素質也較高，另外，北齊還同時與陳朝和北周建立關係，然此發展乃北齊國勢轉衰所致。

1. 崔 瞻

武成帝朝的首任使節，也是北齊與陳朝建立較穩定外交關係的首位知名使節是崔瞻，《北史》卷二十四〈崔逞附六世孫瞻傳〉載：

> 瞻字彥通。潔白，善容止，神彩嶷然，言不妄發，才學風流爲後來之秀。初，潁川荀濟自江南入洛，瞻學於濟，故得經史有師法。侍中李神儁雅有風譽，晚年無子，見瞻，歎謂邢卲曰：「昨見崔懷兒，便爲後生第一。」……文襄崩，祕未發喪，文宣命瞻兼相府司馬，使鄴。魏孝靜帝以人日登雲龍門。與其父懷俱侍宴爲詩。詔問邢卲

〔註43〕《北齊書》，卷31〈王昕附弟晞傳〉，頁198。
〔註44〕顏之推論曰：「孝昭天性至孝，而不知忌諱，乃至於此，良由不學之所爲也」，其論雖稍見迂闊，然而言北齊孝昭帝，乃至於前後諸帝「不學」，當爲事實。

等曰：「今瞻此詩何如其父？」咸曰：「**悛**博雅弘麗，瞻氣調清新，並詩人之冠冕。」……楊愔欲引瞻為中書侍郎，時盧思道直中書省，愔問其文藻優劣，思道曰：「崔瞻文詞之美，實有可稱，但舉世重其風流，所以才華見沒。」……大寧元年，除衛尉少卿。尋兼散騎常侍，聘陳使主。……瞻經熱病，面多瘢痕，然雍容可觀，辭韻溫雅，南人大相欽服。陳舍人劉師知見而心醉，乃言：「常侍，前朝通好之日何意不來？今日誰相對揚者！」其見重如此。〔註45〕

崔瞻在才華方面足堪良使，然而，他在東魏時期早為「鄴下言風流者」名士之一，當時多位同儕已充任聘使，父親崔悛又主導當時選使標準，〔註46〕然而，傑出的兒子卻沒有機會被派為使節。究其原因，可能是崔瞻「貌陋」，和稍早傳詣王僧辯的邢邵「不持威儀」而無法出使有點類似。

進入北齊，邢邵先於天保六年傳文宣帝之詣旨給蕭梁王僧辯，而崔瞻則被派為齊武成帝時期的第一任使節，也是北齊與陳朝首位知名使節（前任使節不詳，更早的魏愷「抗直有才辯」，卻無多其餘才華），反映了當時對使節的要求有所改變，名聲和才華勝過儀表，並比較不在意年資。北魏末年以來，變亂蠭起，世家子弟棄文從武者稍多，東、西魏的實質掌權家族高氏和宇文氏又促使鮮卑風俗回歸，加上文宣帝天保年間「重吏事」的官場風氣，故而崔瞻等堅持「容止醞籍」作風者，頗受時人「潦倒」等譏嘲，如此，當時的選使標準改易，甚至可能反映了北齊新一代漢文人才一度青黃不接。

至於當剛出使北齊歸來的劉師知對崔瞻的欽服之言，反映陳朝時南人產生了前所未見的自輕心態，除了符合雙方外交之初，陳朝稍居弱勢的微妙關係，感嘆崔瞻應該在前朝——蕭梁時期來使，方有足以與他對揚之人，則顯示南朝人士感受到己方文化與人才大不如前。這種情形，並不是基於北齊的進步，而是南朝的衰退。可見梁末以來的動亂，造成各層面損失之鉅，南朝人士亦不諱言。

2. 封孝琰

河清元年十一月，北齊再遣封孝琰使陳，《北齊書》卷二十一〈封隆之從子孝琰傳〉載：

〔註45〕 據《北齊書》，卷7〈武成帝紀〉，崔瞻出使應在河清元年（562，即大寧二年，其年四月改元）。《北齊書》，卷23〈崔悛附子瞻傳〉敘事較簡略，故此處引用《北史》。崔瞻出使事，另可參考《太平御覽》，卷224引《三國典略》。

〔註46〕 《北史》，卷43〈李崇附從孫諧傳〉，參見本文第六章，第二節（一）。

> 孝琬弟孝琰，字士光。少修飾學尚，有風儀。……散騎常侍，聘陳
> 使主，已發道途，遙授中書侍郎。還，坐事除名。……帝遂決馬鞭
> 百餘，放出，又遣高阿那肱重決五十，幾致於死。還京，在集書省
> 上下，從是沉廢。士開死後，爲通直散騎常侍。後與周朝通好，趙
> 彥深奏之，詔以爲聘周使副。……孝琰文筆不高，但以風流自立，
> 善於談謔，威儀閑雅，容止進退，人皆慕之。

封孝琰的文才不如辯才，出使經歷亦未如前任崔瞻那般風光，而且，朝廷在他出使半途臨時提高其官職，回國卻立即加以罷黜處份，似乎僅欲增加本國使節的份量，並非眞正給予重視。《北齊書》卷三十七〈魏收傳〉載：

> 其年又以託附陳使封孝琰，牒令其門客與行，遇崑崙舶至，得奇貨
> 猓然褥表、美玉盈尺等數十件，罪當流，以贖論。

封孝琰應即因接受魏收請託，在出使時私下進行買賣交易而獲罪受罰。然而，曾出使蕭梁的魏收敢於請託封孝琰帶自己的門客在外交途中從事私人商業行爲，想必在過去北使間是被默許的，如今卻請受雙方都受到重懲，可見北齊對使節的約束較多。〔註47〕過去，北魏使節回國後往往加官晉爵，即使表現不佳，受到的懲處也不重，甚至完全沒有懲處，北齊的使節受到的待遇和北魏時期可說是相反。這也反映了官方對外交，或者多爲漢族士人充任的使節之態度不再那麼重視。

3. 崔子武

河清二年（563）六月，「乙卯，詔兼散騎常侍崔子武使于陳」。崔子武出身博陵崔氏，祖崔辯，北魏孝文帝時曾「受敕接蕭頤使蕭琛、范雲」；父崔巨倫，「有文學武藝」，「元顥入洛，據郡不從，莊帝還宮，封漁陽縣男」，〔註48〕

〔註47〕《魏書》，卷〈李安世傳〉載：「國家有江南使至，多出藏內珍物，令都下富室好容服者貨之，令使任情交易」，北魏此種措施，亦含有誇耀本國富庶之意，而既任憑蕭齊使節如此，對己方人員同類行爲該亦知情，甚至容許。東魏時期亦同，《北齊書》，卷29〈李繪傳〉：載「前後行人，皆通啓求市」；卷30〈崔暹傳〉載：「魏、梁通和，要貴皆遣人隨聘使交易」。《北齊書》，卷37〈魏收傳〉記載王昕與魏收聘梁，「使還，尚書右僕射高隆之求南貨於昕、收，不能如志，遂諷御史中尉高仲密禁止昕、收於其臺，久之得釋」，魏收在東魏時擔任使節，因爲不能滿足權貴索求南貨而受懲，入北齊卻因爲自己請託封孝琰買賣貨物而獲罪，前後的差異可以察見禁令轉嚴。關於南北外交中的商業行爲研究，可參考：逯耀東，《從平城到洛陽——拓跋魏文化轉變的歷程》，第六章〈北魏與南朝對峙期間的外交關係〉五〈使節交聘與貿易的關係〉，頁262。
〔註48〕《魏書》，卷56〈崔辯傳〉，頁623。

爲北魏末兼擅武事的世家弟子。崔子武襲其爵，家世顯赫，然而長才不詳，《北齊書》卷三十〈崔暹傳〉載：

> 武定初，遷御史中尉，選畢義雲、盧潛、宋欽道、李愔、崔瞻、杜
> 蕤、嵇曄、酈伯偉、崔子武、李廣皆爲御史，世稱其知人。

崔子武曾與崔瞻等同被選爲御史，可謂齊名。到此爲止，北齊四位姓名可考的使節：魏愷、崔瞻、封孝琰和崔子武，家世都爲北魏和東魏時期著名的漢族世家，並且或多或少有前人參與過南北外交。接下來的皇甫亮，卻頗有不同。

4. 皇甫亮

河清三年（564），「四月辛卯，詔兼散騎常侍皇甫亮使於陳」，《北史》卷三十八〈皇甫和附弟亮傳〉：

> 父徽，字子玄，梁安定、略陽二郡守。魏正始二年（505），隨其妻父
> 夏侯道遷入魏。……和十一而孤，母夏侯氏才明有禮則，親授以經書。
> 及長，深沈有雅量，尤明禮儀，宗親吉凶，多相諮訪。卒於濟陰太
> 守。……和弟亮，字君翼，九歲喪父，哀毀有若成人。齊神武起義，
> 爲大行臺郎中。亮率性任眞，不樂劇職，除司徒東閣祭酒，思還鄉里，
> 啓乞梁州褒中，即本郡也。後降梁，以母兄在北，求還，梁武不奪也。
> 至鄴，無復宦情，遂入白鹿山，恣泉石之賞，縱酒賦詩，超然自樂。
> 復爲尚書殿中郎，攝儀曹事。……亮疏慢自任，無幹務才，……性質
> 朴純厚，終無片言矯飾。……亮三日不上省，文宣親詰其故。亮曰：
> 「一日雨，一日醉，一日病酒。」文宣以其恕實，優容之，杖脛三十
> 而已。……以兼散騎常侍，聘陳使主，以不稱免官。

皇甫亮的際遇反映了同時漢族士人的處境：「（裴）讓之、諏之及皇甫和、和弟亮，並知名於洛下」，他和崔瞻同樣在魏末成名，出使時年紀必然不輕；入齊後，天保年間，維持名士作風，曾受文宣帝懲處。

皇甫亮的特異之處在於他的家世，與先前使節頗不相類：其父皇甫徽原本仕梁，至北魏宣武帝正始二年才入北魏，而皇甫亮本身也曾在東魏時期降梁，則家族在北朝本不算顯赫，而且有忠誠問題。北齊爲何會突然捨既有外交世家成員，而改派皇甫亮出使？這極可能與當時的北方局勢有關。皇甫亮出使的前一年，北齊河清二年，《通鑑》卷一百六十九〈陳紀三·文皇帝天嘉四年〉載，九月：

> 初，周人欲與突厥木桿可汗連兵伐齊，許納其女爲后，遣御伯大

夫楊薦及左武伯大原王慶往結之。齊人聞之懼，亦遣使求昏於突
厥，賂遺甚厚。木桿貪齊幣重，欲執薦等送齊。薦知之，責木桿
曰：「……如何今日遽欲背恩忘義，獨不愧鬼神乎？」木桿慘然良
久曰：「君言是也。吾意決矣，當相與共平東賊，然後送女。」

北周連合當時取代柔然地位的突厥，聯軍進攻北齊，北齊亦試圖以外交手段
分化兩大強敵，卻功敗垂成。同年十二月，「己未，周師及突厥逼晉陽。齊主
畏其強，戎服率宮人東走，欲避之」。敵國聯軍在次年，即河清三年一月退走
後，武成帝驚恐之餘，更在臣子面前完全失去堂皇儀態：

（北齊尚書令斛律）光見帝於晉陽，帝以新遭大寇，抱光頭而哭。
任城王湝進曰：「何至於此？」乃止。初，齊顯祖之世，周人常懼齊
兵西度，每至冬月，守河椎冰。及世祖即位，嬖倖用事，朝政漸紊，
齊人椎冰以備周兵之逼。

由此可見，這是北朝二國國勢逐漸逆轉情形下，強弱分判的關鍵時期。四月，
武成帝在驚魂初定的情況下派皇甫亮出使，極可能想拉攏陳朝，以對抗北周
與突厥的聯合，所以，皇甫亮與南朝的關係，在此時不僅不被視爲忠誠存疑，
而是出使的有利因素。不過，北齊的考量未必能達到理想的成績，就像北魏
神麚徵士盧玄等，縱能令劉宋君王發思古懷舊之情，仍落得「不稱」的出使
評價。何況，當時北周與陳朝也有著極密切的外交關係，皇甫亮抵達陳朝不
久，北周也遣使節到來，〔註49〕皇甫亮出使成績遭到否定，未必是個人素養
表現不佳，而是未能達到北齊意圖聯陳抗周的外交目的。

5. 劉逖

河清三年十一月出使的劉逖，爲北魏儒宗劉芳之孫。劉芳爲平齊民，則
皇甫亮和劉逖，同年連續兩位使節，皆爲南朝入北士人的後代。《北史》卷四
十二〈劉芳附孫逖傳〉：

逖字子長，少聰敏，好弋獵騎射，以行樂爲事，愛交游，善戲謔。齊
文襄以爲永安公浚開府行參軍。逖遠離家鄉，倦於羈旅，發憤自勵，
專精讀書。晉陽都會之所，霸朝人士攸集，咸務於宴集。逖在游宴之
中，卷不離手，遇有文籍所未見者，則終日諷誦，或通夜不歸。其好

〔註49〕《陳書》，卷3〈世祖本紀〉：天嘉五年，「五月……，周、齊並遣使來聘。」
《通鑑》，卷169〈陳紀三·文皇帝天嘉五年〉載：「四月，辛卯，齊主使兼散
騎常侍皇甫亮來聘。庚子，周主遣使來聘。」

學如此。亦留心文藻，頗工詩詠。齊天保初，行定陶縣令，坐奸事免，
十餘年不得調。……及文宣崩，文士並作挽歌，楊遵彥擇之，員外郎
盧思道用八首，逖用二首，餘人多者不過三四。……乾明元年，兼員
外散騎常侍，使送梁主蕭莊。還，兼三公郎中。武成時，……兼散騎
常侍，聘陳使主。逖欲獨擅文藻，不願與文士同行。時黃門侍郎王松
年妹夫盧士游，性沈密，逖求以爲副。又逖姊魏家者，收時已放出，
逖因次欲嫁之士游，不許。逖恐事露，亦不逼焉。還給事黃門侍郎，
修國史。加散騎常侍，除假儀同三司，聘周使副。二國始通，禮儀未
定，逖與周朝議論往復，斟酌古今，事多合禮，兼文辭可觀，甚得名
譽。使還，拜儀同三司。……後被徵還，待詔文林館，重除散騎常侍，
奏門下事。未幾與崔季舒等同戮，時年四十九。

北魏中期，劉芳以儒學爲長，至北齊，其孫劉逖改以文才知名，而且年少時
曾受魏末風氣影響，好騎射武事；在文宣帝朝也曾受到重懲，其際遇可說集
中反映北朝當時士人的處境。

在劉逖使陳的過程中，最令人著目的是「欲獨擅文藻，不願與文士同行」。
過去北魏士人僅將擔任主使當成仕途中的光榮經歷，並不一定要在外交場合
有過人的表現。原本，使節文學的表現亦屬次要，即使進入南北競爭最激烈
的東魏與蕭梁時期，辯才受到的重視與肯定，也往往多於文學。如今，政府
固然需要文學人才出使，北朝文人也將出使當成自己展現文才、提高文名的
重要途徑，追求的不僅是仕途晉昇的有利條件，更是文化領域的虛名。

再者，皇甫亮剛出使「不稱」而歸，劉逖卻無懼重蹈覆轍，有信心可以
獨擅文藻，這可能與他先前與王昕同樣曾負責送蕭莊的類似外交任務，對南
朝事務較熟悉有關。事實上，由劉逖選擇副使等行爲，不難發現他對官場的
運作極爲熟悉。使陳之後，劉逖又被派任使周，可見出使成績受到極大肯定。
劉逖的自信和成功，加上稍早崔瞻受到陳朝人士無人可以與之對揚的恭維，
再次反映出南朝文化與相關人才不如過去，可說淪爲北方文士敢於自信地展
現才華的場域。

再者，劉逖是北齊與北周間外交禮儀制定的重要參與者，而當時兩國與
陳朝皆有外交關係，這意味齊、周間通使，不再全然依循過去以南朝爲主的
禮儀，﹝註 50﹞可說象徵北朝文化向自主跨出了一大步。另一方面，當時北齊

─────────────────
﹝註 50﹞劉逖使周，在北齊天統四年（568），雙方通使禮儀始定，而北周武帝建德三

國勢漸衰，在軍事與外交上都呈現弱勢，而漢文水準卻長期超過北周。如今兩國間外交禮儀制定的微妙角力，可說是過去宋、齊時期北魏國力較強，南朝卻憑著漢文水準在外交中佔有優勢的局面之翻版。

6. 太上皇帝主政時期記載疏漏的遣使

在北周與突厥聯軍入侵時，北齊武成帝遭受極大驚嚇。河清三年正月，周、突聯軍退兵，五月，太史奏報天象異常，「白虹圍日再重，又橫貫而不達」，武成帝想起其兄孝昭帝傳位於己之前冊立的太子樂陵王高百年，「欲以百年厭之」，「遂斬之」。〔註 51〕不料，事隔一年，河清四年（565），天象再度異常，《北齊書》卷七〈武成帝紀〉載：

> 夏四月……乙亥，陳人來聘。太史奏天文有變，其占當有易王。丙子，乃使太宰段韶兼太尉，持節奉皇帝璽綬傳位於皇太子，大赦，改元為天統元年，……於是群公上尊號為太上皇帝，軍國大事咸以奏聞。

促成了武成帝依北魏獻文帝禪位孝文帝之故事，提前傳位後主。〔註 52〕《北齊書》卷八〈後主紀〉載：

> 六月……己巳，太上皇帝詔兼散騎常侍王季高使於陳。

武成帝以「太上皇帝」自居後，派出的首位使節是王晞。自此以後，北齊與陳朝的外交記載愈發不明朗，而且，從中頗見選使不當情形。《北史》卷二十四〈王晞傳〉載：

> 晞字季高，少立名行，為士友所稱。……儒緩亦同諸兄。嘗從文宣北征，乘赤馬，旦蒙霜氣，遂不復識。自言失馬，虞候為求覓不得。須臾日出，馬體霜盡，繫在幕前，方云：「我馬尚在。」為司徒掾，在府聽午鼓，躞鑑待去。群僚嘲之曰：「王七思歸何太疾？」季高曰：「大鵬始欲舉，燕雀何啾唧？」嘲者曰：「誰家屋當頭，鋪首浪遊逸。」於是喧笑，季高不復得言。大寧初，兼散騎常侍、聘陳使主。

王晞是前述東魏著名使節王昕、北齊孝昭帝主要智囊王晞之弟。王晞年輕時即以德行知名，但是辯才、文才等並不突出。本傳中記述的一些個人事件，

年（574，陳宣帝太建六年）盧愷出使之前，周使仍遵從陳朝禮儀。所以，當時是北朝兩國與陳互使仍遵循南朝禮儀，而齊、周之間互使又另訂禮儀。

〔註 51〕《北齊書》，卷 12〈樂陵王高百年傳〉，頁 78。

〔註 52〕《北齊書》，卷 39〈祖珽傳〉，頁 241。

甚至顯示他的反應頗為遲鈍，卻被選為主使。對於他的出使經過，史書中完全沒有述及。

　　王晞出使次年，陳朝遣陳昭來聘。梁武帝大同十一年（545），尉瑾以東魏主使身份聘問，陳昭曾擔任接待。時隔二十年，陳昭以陳朝主使身份至北齊，尉瑾已位極人臣。〔註53〕從相關的史事，可以察見當時北齊對選使標準的認知，一般人士與官方權貴間頗有落差。《北史》卷二十〈尉古眞附從玄孫瑾傳〉載：

> ……（尉瑾）亦能折節下士，意在引接名流，但不之別也。有賈彥
> 始者，儀望雖是儒生，稱堪充聘陳使。司徒戶曹祖崇儒，文辯俱不
> 足，言將為當世莫及。好學吳人搖脣振足，為人所哂。

由此處記述可知，當時北齊人士已普遍認為儒生，不堪充任聘使。北魏時期選拔外交官員的主要標準，至此可說徹底遭到否定。另一方面，尉瑾自己在東魏武定年間擔當過主使重任，卻無法選出適合後輩，除了是個人性格問題，也可見北朝部份使節專業意識不足、對任務性質認知不清。連在尉瑾這般在外交上有經驗的高官，都對相關事務觀念不清，那麼，掌握北齊大權的鮮卑化帝王與權貴們，必然更無法恰當理解。

　　尉瑾稱許的賈彥始雖未出使，然如王晞亦是儒生儀望之流，仍被選為使節。至於他之後的（566）韋道儒、〔註54〕司馬幼之（567）〔註55〕和四年正月癸亥的鄭大護三任主使，似乎也稱不上優秀，前二人本有聲名，卻事功不明。至於鄭大護，除了〈後主紀〉的出使紀錄之外，更名不見經傳。

〔註53〕《北史》，卷20〈尉古眞附從玄孫瑾傳〉載：「初，瑾為聘梁使，梁人陳昭善相，謂瑾曰：『二十年後當為宰相。』瑾出，私謂人曰：『此公宰相後，不過三年，當死。』昭後為陳使主，兼散騎常侍，至齊。瑾時兼右僕射，鳴騶鐃吹。昭復謂人曰：『二年當死。』果如言焉。」由此推算，陳昭出使於河清五年（566）。同年有陳朝有兩次遣使紀錄，無法確定為何次。尉瑾卻在約兩年後逝世，他對遣使提出意見，必在這之前。

〔註54〕《北齊書》，卷45〈韋道遜傳〉載：「曾祖肅，隨劉義眞渡江。祖崇，自宋入魏……。道遜與兄道密、道建、道儒並早以文學知名。……道儒，歷中書黃門侍郎。」先祖來自劉宋，然而時間已久，之後的司馬幼之亦勉強可與過去漢人政權攀點關係，但應已無甚意義。

〔註55〕《北齊書》，卷18云：「子瑞弟幼之，清貞有素行，少歷顯位。隋開皇中，卒於眉州刺史。」司馬幼之的父親司馬子如為高歡智囊，「齊受禪，以有翼贊之功」，自稱為晉南陽王司馬模後代。司馬幼之兄長司馬子瑞之妻為齊後主乳母陸令萱之妹，因而諸子並居顯職，可說是北齊漢族的新貴家族。

7. 武成帝派遣的最後使節李騊和李孝貞

天統四年（568）「十一月壬辰，太上皇帝詔兼散騎常侍李騊使於陳」，十二月，武成帝即駕崩，李騊和其副使李孝貞爲武成帝派遣的最後使節。《北史》卷三十三〈李義深附李騊傳〉載：

> 又有李騊，字彥鴻，世居柏仁，弱冠以文章知名。仕齊，位東平太守。後待詔文林館，除通直散騎常侍，聘于陳。晚節頗以貪酒爲累。貧無居宅，寄止佛寺中。嘗著巾帔，終日對酒，招致賓客，風調詳雅。

李騊的傳記被附於《北史》本卷之末，與同卷中趙郡李氏諸人親疏輩份不明，未必爲世家出身。不過，他和副使李孝貞都以文學爲長，《北史》同卷又載：

> 孝貞，字元操，好學善屬文。……簡靜，不妄通接賓客。射策甲科，拜給事中。稍遷兼通直散騎常侍，副李騊使陳。〔註56〕……兄弟並以文學自達，恥爲外戚家。……武平中，出爲博陵太守，不得志。尋爲司州別駕。後復兼散騎常侍，聘周使副。還，除給事黃門侍郎，待詔文林館，假儀同三司。以美於詞令，敕與中書侍郎李若、李德林別掌宣傳詔敕。周武帝平齊，授儀同三司、小典祀下大夫……。

李孝貞雖屈居爲副手，史籍所述其生平卻更爲詳明，家世也更爲顯赫。李孝貞爲李順玄孫。李順爲北魏太武帝朝聘北涼使之冠，其從父兄李靈爲神廳徵士之一。李靈曾孫李渾、李繪和李緯兄弟三人俱曾爲聘梁主使，而李渾之子李湛又爲聘陳副使，號稱「四使之門」，家族之中還有多位女性爲帝王后妃。李孝貞後來又出使北周，仍爲副使。

李騊和李孝貞不僅是武成帝派出的最後使節，更可說是北齊最後一任符合長久以來外交文化要求的使節。武成帝掌政時期，是北齊與陳朝眞正建立穩定外交的階段，可說在一定程度上再現東魏與蕭梁盛況，而且，在經梁末動亂衰退的情況下，北齊在文化競爭上偶爾還稍有凌駕江左之勢。然而，至武成帝晚期，遣使已頗有人選不當、成效不佳的情況，這與北齊的國勢漸衰乃至漢文化自開國以來受到鮮卑風氣壓抑有關，接下來進入北齊後主掌政時期，此種外交情況更不復見。

三、齊後主時期外交崩潰

天統四年（568）十二月，齊武成帝崩，而齊後主開始眞正執政。僅就領

〔註56〕《隋書》，卷57〈李孝貞傳〉之中，並沒有提及他曾出使陳朝。

袖本人而言，齊後主遠比其父與諸位伯父都更愛好漢文化。即使與堂兄廢帝高殷相比，後主的喜愛也兼及文學，而非專在儒學，可說受漢文化浸淫更深。不過，這對北齊的整體風氣乃至外交方針，起的作用似乎極爲有限。〔註57〕《北齊書》卷四十五〈文苑傳〉載：

> 後主雖溺於群小，然頗好諷詠，幼稚時，曾讀詩賦，語人云：「終有解作此理不？」及長亦少留意。初因畫屏風，敕通直郎蘭陵蕭放及晉陵王孝式錄古名賢烈士及近代輕豔諸詩以充圖畫，帝彌重之。後復追齊州錄事參軍蕭愨、趙州功曹參軍顏之推同入撰次，猶依霸朝，謂之館客。放及之推意欲更廣其事，又祖珽輔政，愛重之推，又託鄧長顒漸說後主，屬意斯文。三年，祖珽奏立文林館，於是更召引文學士，謂之待詔文林館焉。珽又奏撰御覽，詔珽及特進魏收、太子太師徐之才、中書令崔劼、散騎常侍張雕、中書監陽休之監撰。珽等奏追通直散騎侍郎韋道遜、陸乂、太子舍人王劭、衛尉丞李孝基、殿中侍御史魏澹、中散大夫劉仲威、袁奭、國子博士朱才、奉車都尉眭道閑、考功郎中崔子樞、左外兵郎薛道衡、并省主客郎中盧思道、司空東閤祭酒崔德、太學博士諸葛漢、奉朝請鄭公超、殿中侍御史鄭子信等入館撰書，并敕放、愨、之推等同入撰例。復令散騎常侍封孝琰、前樂陵太守鄭元禮、衛尉少卿杜臺卿、通直散騎常侍王訓、前南兗州長史羊肅、通直散騎常侍馬元熙、并省三公郎中劉維、開府行參軍李師上、溫君悠入館，亦令撰書。復命特進崔季舒、前仁州刺史劉逖、散騎常侍李孝貞、中書侍郎李德林續入待詔。尋又詔諸人各舉所知，又有前濟州長史李翥、前廣武太守魏騫、前西兗州司馬蕭溉、前幽州長史陸仁惠、鄭州司馬江旰、前通直散騎侍郎辛德源、陸開明、通直郎封孝騫、太尉掾張德沖、并省右民郎高行恭、司徒戶曹參軍古道子、前司空功曹參軍劉顗、獲嘉令崔

〔註57〕 齊後主愛好漢文詩賦，並不影響同時愛好其他民族文化。《隋書》，卷14〈音樂志中〉載：「雜樂有西涼鼙舞、清樂、龜茲等……，自文襄以來，皆所愛好。至河清以後，傳習尤盛。後主唯賞胡戎樂，耽愛無已，……至有封王開府者，遂服簪纓而爲伶人之事」，在某些方面，如音樂，後主的胡化甚至較前朝猶有過之。又《顏氏家訓》卷1〈教子第二〉云：「齊朝有一士大夫，嘗謂吾曰：『我有一兒，年已十七，頗曉書疏，教其鮮卑語及彈琵琶，稍欲通解，以此伏事公卿，無不寵愛，亦要事也。』」當時鮮卑化的權貴們排斥漢文化，漢族士人卻爲投權貴之所好而學習鮮卑文化，整體風氣趨勢大致可見。

德儒、給事中李元楷、晉州治中陽師孝、太尉中兵參軍劉儒行、司
空祭酒陽辟疆、司空士曹參軍盧公順、司徒中兵參軍周子深、開府
參軍王友伯、崔君洽、魏師騫並入館待詔，又敕右僕射段孝言亦入
焉。御覽成後，所撰錄人亦有不時待詔，付所司處分者。凡此諸人，
亦有文學膚淺，附會親識，妄相推薦者十三四焉。雖然，當時操筆
之徒，搜求略盡。其外如廣平宋孝王、信都劉善經輩三數人，論其
才性，入館諸賢亦十三四不逮之也。待詔文林，亦是一時盛事，故
存錄其姓名。

值得注意的是，武平三年，齊後主採納祖珽上奏，成立文林館，而先前武成
帝一朝的多位外交官員，都入館待詔。此種情形，與陳後主尚為太子時，多
位赴齊使節成為東宮臣屬的情況類似，不過，兩者也都同樣，對之後的政治
乃至外交，並未產生太大正面作用。

後主是北齊諸帝中漢文化素養最深的一位，他掌政時，也是最重視文
學的時期，然而，於與南朝外交明顯更為輕忽。天統五年至武平七年北齊
亡（569～576），約八年時間中，姓名可考的使節僅四人。其中，武平四年
（573），陳朝出軍攻打北齊，至武平七年北齊將亡，遣使向陳朝求援，這之
間兩國可能並無外交。然而，天統五年至武平二年（569～571），三年之間，
北齊遣使陳朝至少五次，使節卻僅武平元年（570）裴獻之與二年劉環雋兩
人的時間確知。〔註58〕另外，出使年月不詳的魏彥卿，〔註59〕再加上武平
四年的崔象，總共只有四位使節可考，然而其才華、事功和聲譽均不詳。

北齊此種輕忽漢族與其文化的心態，可從權貴份子厭惡排斥的態度上察
見端倪。如：武平年間，「三貴」之一的領軍大將軍昌黎王韓長鸞「尤疾士
人」，「每罵云：『漢狗大不可耐，唯須殺之！』」又如：祠曹源師向尚書令高
阿那肱報告「龍星初見，禮當雩祭」，竟遭到怒斥：「漢兒多事，強知星宿！」
實際上，源氏本為「禿髮」，即拓拔氏分支的南涼王家，故源師實為鮮卑人。
由此可知：當時許多外族人士，甚至與皇室高家一樣的鮮卑化漢人，不僅仍
厭惡漢族，甚至包括漢化的外族人士，而此種厭惡無法區辨漢文化和種族，
已全然為盲目心態，程度甚至超過北魏早期的拓拔鮮卑皇族。在這種源師感
歎「禮既廢矣」的情形下，相關典儀自然無法完備發展。事實上，當時在對

〔註58〕《北齊書》，卷8〈後主紀〉，頁53～54。
〔註59〕《北齊書》，卷23〈魏蘭根族弟愷傳〉「（魏）愷從子彥卿，魏大司農季景之子。
武平中，兼通直散騎常侍，聘陳使副」。

北周的外交中，也曾發生北齊方面失禮的事例，〔註60〕因此，北齊雖是三國中最勤於遣使的，但卻很難在外交上有太大進展，得到其他兩國的尊重。

　　至於北魏統治階層對漢人的強烈反感始終無法化解，釀成了一場株連慘案，從中可見北齊後主的族群立場，終究壓過了文化認同。《北齊書》卷三十九〈崔季舒傳〉：

祖珽受委，奏（崔）季舒總監內作。珽被出，韓長鸞以為珽黨，亦欲出之。屬車駕將適晉陽，季舒與張雕議：以為壽春被圍，大軍出拒，信使往還，須稟節度；兼道路小人，或相驚恐，云大駕向并，畏避南寇；若不啟諫，必動人情。遂與從駕文官連名進諫。時貴臣趙彥深、唐邕、段孝言等初亦同心，臨時疑貳，季舒與爭未決。長鸞遂奏云：「漢兒文官連名總署，聲云諫止向并，其實未必不反，宜加誅戮。」帝即召已署表官人集含章殿，以季舒、張雕、劉逖、封孝琰、裴澤、郭遵等為首，並斬之殿庭，長鸞令棄其屍於漳水。自外同署，將加鞭撻，趙彥深執諫獲免。

北齊武平四年（573）十月，後主畏懼陳朝北伐軍威，決定離開首都，逃奔晉陽。侍中崔季舒、國子祭酒張雕等從駕文官聯署進諫勸阻，最終後主聽從韓長鸞上奏，將署名上表者全部誅殺。其中，劉逖和封孝琰同樣曾出使陳朝和北周，為當時重要外交人員，又以才學受到肯定而進入文林館，卻同於事件中被害。《北齊書》卷二十一〈封隆之從子孝琰傳〉載：

祖珽輔政，又奏令（封孝琰）入文林館，撰御覽。……嘗謂祖珽云：「公是衣冠宰相，異於餘人。」近習聞之，大以為恨。……性頗簡傲，不諧時俗，恩遇漸高，彌自矜誕，舉動舒遲，無所降屈。識者鄙之。與崔季舒等以正諫同死，時年五十一。

從封孝琰對祖珽個人的讚美，可以察見當時其餘權貴多為鮮卑化較重的人士，與能擔任聘使或入選文林館的漢文菁英份子，可說完全是對立面，故而相互排擠。

〔註60〕《通鑑》，卷171〈陳紀五・宣帝太建六年（574）〉：「周叱奴太后有疾。三月，……癸酉，太后殂。夏，四月，乙卯，齊遣侍中薛孤康買弔於周，且會葬。……使商胡齎錦彩三萬，與弔使偕往市珠。周人不與，齊主竟自造之。」在遣使至弔北周皇太后喪的同時，齊後主竟派人交易財物。此種行為過去使節僅私下為之，甚至因而受罰，如今卻是皇帝本人派人執行，可見北齊外交禮儀內涵完全崩潰。此事正發生在齊武平五年，即崔季舒等大批漢族文臣被殺後一年，或亦為漢文化大受打擊的後續現象。

　　值得注意的是，韓長鸞建議誅殺文官們的言詞，正是挑撥胡漢族群對立。由此可知，至北齊末代後主，仍以漢人不可信，換言之，高氏皇室始終以鮮卑人自居。即使是尊重儒者、愛好文學，漢文素養頗深的齊後主，仍是不免猜忌漢人。如此，在個人興趣上，雖然沾染漢族文化風氣，在國務決策上，自然以非漢族群意見為首要考量。

　　在這種情況下，南北外交上的禮儀和競爭，雖然是以漢文化為主，然而，北齊政府中真正主宰政策運作的，仍是鮮卑化的權貴們。此種情形在東魏高歡與高澄當政時，恐已難免，北齊立國以來四任皇帝未改，至此後主時期，漢臣文官因族群問題而集體遭屠戮，更可謂倒退回北魏前中期的猜忌風氣。

　　北齊初年，因為內部政局紊亂，在外交上頗有停滯現象。武成帝一朝，接續東魏時期的盛況，在南朝衰敗之餘，甚至頗有凌駕其上之勢，然而，在晚期隨著漢化停滯和國力減弱，外交也顯露疲態。後主的漢化較父兄為深，卻受制於整體環境與權貴階層，並未將其漢文素養應用於政務與外交。隨著北齊滅亡，南北外交中文化競爭的風氣也逐漸邁向終點。

第三節　後來居上的西魏、北周與隋

　　在東魏與蕭梁間外交盛況的十餘年中，西魏固然不與東魏和平往來，亦自外於南北交流。另一方面，在北魏分裂後，東魏的漢文水準原本亦遠高於西魏。不過，比起曇花一現的北齊，在南北立場扭轉中，繼西魏而起的北周與隋，卻扮演更關鍵角色。不僅再度確立了北強南弱的局勢，在外交上，也讓南朝長久以來主導文化趨向的情勢逐漸改變。

一、西魏、北周與南朝的外交

　　西魏與南朝的外交，始於侯景之亂時，蕭梁岳陽王蕭詧與湘東王蕭繹內鬨，雙方皆惟恐失敗，先後遣使西魏，請為附庸。這種情勢與東魏完全不同，甚且可謂相反：東魏與蕭梁建立外交之初，基本上是彼此平等地位。而且，依禮儀制度遵從南朝所訂，與雙方士人互動概況推測，整體上東魏方面還略處下風。另一方面，西魏雖慢了十二年才和南朝接觸，卻一口氣站上對方宗主國的立場，成功扶植蕭詧成為江陵地區傀儡政權、滅梁元帝蕭繹，而陳霸先亦曾稱藩，都為西魏與陳朝的外交建立了不同以往北方政權的優勢與自信。

　　繼西魏而起的北周，滅北齊而統一北方，更加強了其國際軍政地位。不過，北周的外交情況在記載上有明顯的特異之處。

　　首先是史料記載的疏漏。目前所知的北周聘陳次數約有二十次，其中有六次使節不詳，約佔三分之一。可考的使節只有十三人：殷不害、杜杲、崔彥穆、鄭詡、鮑宏、楊勰、唐令則、韋沖、楊尚希、盧愷、薛舒、裴義宣和柳雄亮。〔註 61〕而且，除了杜杲、崔彥穆等少數二、三特出份子，其餘的使節的正史傳記中，都只提及他們曾爲聘陳使，對於成績和經過幾乎都未加記述，可說比北魏早期太武帝和文成帝諸朝對劉宋外交還簡略。至於歷任使節的才華素養，也多半不詳明，僅有殷不害精於儒學和政務，〔註 62〕杜杲、崔彥穆與韋沖長於口辯，而鮑宏與唐令則擅於文章。〔註 63〕還有，除了杜杲，其他傳記中，只有一、二位簡略地記載「甚爲江陵所稱」，〔註 64〕卻未耗用篇幅記述他們身爲使臣時，與陳朝君臣辯論等表現，若非不值得記載，就是當時對此並不甚重視。

　　其次是聘使出身：只有唐令則、韋沖、楊尚希和杜杲四位出身於北周的重心關中地區，其餘人則是自外地投奔，而殷不害和鮑宏更來自蕭梁，前者後來甚至在交換俘虜時回歸江左。對於所在區域人士選派較少，與廣納外來人士，在顯示北周用人的多元態度時，也同時反映西魏以來在漢文化水準較低落的情形。

　　最後是杜杲的出使次數異常之高，居南北朝外交史之冠。在如今可考的北周約二十次遣使陳朝，杜杲參與了其中九次，將近一半。而且，最後一次太象二年（580）柳雄亮出使，是由即將篡位的楊堅所指派，若將之排除在宇

〔註 61〕　部份學者將謝貞亦列入，然謝貞應屬被遣還的俘虜，只是隨杜杲出使而被遣返。見《陳書》卷 32〈謝貞傳〉：「太清之亂，親屬散亡，貞於江陵陷沒，……太建五年，貞乃還朝」，「隨聘使杜子暉還國」。
〔註 62〕　《陳書》，卷 32〈孝行傳・殷不害〉稱其「長於政事，兼飾以儒術」，與北周的文化政策和政壇風氣頗爲相符，不論《陳書》或《南史》，皆未記載他曾爲北周使陳，或得以南返的詳情。
〔註 63〕　《周書》，卷 36〈崔彥穆傳〉：「彥穆幼明悟，神彩卓然。年十五，與河間邢子才、京兆韋孝寬俱入中書學，偏相友愛。伏膺儒業，爲時輩所稱。……陳氏請敦鄰好，詔彥穆使焉。彥穆風韻閑曠，器度方雅，善玄言，解談謔」。《隋書》，卷 47〈韋世康附弟沖〉：「沖有辭辯，奉使稱旨」；卷 66〈鮑宏傳〉：「（宏）年十二，能屬文」。《北史》，卷 67〈唐瑾傳〉：「次子令則，性好篇章，兼解音律，文多輕豔，爲時人所傳。」這些史書上的稱譽都很簡短破碎，難以推論。
〔註 64〕　《周書》，卷 36〈崔彥穆傳〉，頁 262。

文氏政府指命之外，則前一次太象元年，與最初的保定元年（561）聘陳，杜杲都擔任了使節。北周的外交可說是始於杜杲、終於杜杲。

何況，目前可考北周遣使陳朝裏，尚有六次人員姓名不詳，不能排除杜杲也參與其中。杜杲能有如此驚人的出使紀錄，除了本身的能力，也是環境因素所致。北周相關人才明顯有限，又較重視實務層面的談判，因而一再重複遣派這位成績優異的使節。《周書》卷三十九〈杜杲傳〉載：

> 杜杲字子暉，京兆杜陵人也。……杲學涉經史，有當世幹略。……初，陳文帝弟安成王頊爲質於梁，及江陵平，頊隨例遷長安。陳人請之，太祖許而未遣。至是，帝欲歸之，命杲使焉。陳文帝大悦，即遣使報聘，并賂黔中數州之地。仍請畫野分疆，永敦鄰好。以杲奉使稱旨，進授都督，治小御伯，更往分界焉。陳人於是以魯山歸我。帝乃拜頊柱國大將軍，詔杲送之還國。陳文帝謂杲曰：「家弟今蒙禮遣，實是周朝之惠。然不還彼魯山，亦恐未能及此。」杲答曰：「安成之在關中，乃咸陽一布衣耳。然是陳之介弟，其價豈止一城。本朝親睦九族，恕己及物，上遵太祖遺旨，下思繼好之義。所以發德音者，蓋爲此也。若知止俟魯山，固當不貪一鎮。況魯山梁之舊地，梁即本朝蕃臣，若以始末言之，魯山自合歸國。云以尋常之土，易己骨肉之親，使臣猶謂不可，何以聞諸朝廷。」陳文帝慚恧久之，乃曰：「前言戲之耳。」自是接遇有加常禮。及杲還，命引升殿，親降御座，執手以別。朝廷嘉之，授大都督、小載師下大夫，治小納言，復聘於陳。

過去《魏書》中聲稱在蕭齊受到「殊禮」待遇的北魏李彪，事實上仍「不得升殿」，而杜杲不僅得以升殿，陳文帝更親自離座執手送別，由對比可以看到杜杲受到的重視。這反映了陳文帝對贖回宗室的急切，還有如今南朝對待北朝的慎重之情。杜杲還直言，陳朝割讓的魯山是蕭梁舊地，而其殘餘勢力現爲北周的藩屬，自應歸於本國。由此可見，北周已習於以宗主國地位自居，而且，在北朝來看，陳朝未足以完全取代過去蕭梁的地位，兩者不能相提並論。尤其陳宣帝曾被西魏俘虜，南返前又接受北周官職，是一個無從抵賴的事實，杜杲亦曾以此事爲理由，在辯駁中佔得優勢。〔註65〕

<hr />

〔註65〕　《陳書》，卷 5〈宣帝紀〉：「及江陵陷，高宗遷于關右。……天嘉三年，自周還」。《周書》，卷 39〈杜杲傳〉載：「黃門侍郎徐陵謂杲曰：『兩國通好，本欲

《北史》卷七十〈杜杲傳〉云：「杲有辭辯，閑於占對，前後將命，陳人不能屈」，杜杲的出使應對之能固然無可置疑，另一方面，他的言詞中卻少了掌故辭藻。不過，這並非單方面的問題，陳朝諸帝的文才學識，與梁武帝亦不可同日而語。從齊武帝、梁武帝至陳文帝和宣帝，四位南朝君王皆曾親自與北朝使節對談，而陳朝二位君王的表現遠不如前二位。換言之，南北外交中文雅的對話之所以無法沿續，部份是因為此時雙方人員的漢文素養都不如前人。

然而，即使杜杲與徐陵的辯論，亦僅偶爾附以少許掌故，比起東魏使節與蕭梁君臣辭藻學養兼備、典雅富贍的往復辯難，仍有相當差別。特別值得注意的是：過去，蕭梁與東魏的外交言談，有許多是與軍政毫無關係的內容，即使關乎國家正統的爭辯，也往往較為抽象，可說是較純粹的文化競爭。如今，北周與陳朝的辯論，主要都在割地、易俘和聯合對抗北齊等具體實務。在這種情形之下，學富五車、才高八斗的徐陵，也未必能在辯論中勝出。前後議題的虛實之別，正體現外交風氣的轉變：在聘問中，講究文雅內涵的交流，已不再如過去那般重要。

二、隋與陳的外交

北周最後兩次遣使陳朝，人選已有隋朝的色彩。大象元年（579）九月，杜杲最後一次出使，由薛舒擔任副使，後來，薛舒又在隋開皇三年（583）擔任聘陳主使。〔註66〕由此似乎可以察見楊堅掌權，主導人事的端倪。至於下一任，北周末代使節柳雄亮，《隋書》卷四十七〈柳機附從子雄亮傳〉明文：

> 司馬消難作亂江北，高祖令雄亮聘于陳，以結鄰好。及還，會高祖
> 受禪，拜尚書考功侍郎。

柳雄亮由楊堅派出，回國後正逢改朝換代，而開皇元年柳雄亮即參與「更定新律」，〔註67〕可見頗受隋文帝重視。

北周滅北齊，距離楊堅篡位，不過四年左右，所以，隋朝繼承了北方統

救患分災，彼朝受我叛人，何也？』杲答曰：『陳主昔在本朝，非慕義而至，
上授以柱國，位極人臣，子女玉帛，備禮將送，送主社稷，孰謂非恩！郝烈
之徒，邊民狂狡，曾未報德，而先納之。今受華氏，正是相報。過自彼始，
豈在本朝！』」
〔註66〕《周書》，卷7〈宣帝紀上〉，頁58。《隋書》，卷1〈高祖紀上〉，頁21。
〔註67〕《隋書》，卷25〈刑法志〉，頁380。

一與北強南弱的形勢格局，而北齊的文化遺產亦爲隋朝外交所用。北周採用外來人士擔任外交官員的現象在進入隋朝之後依然持續。目前所知的十六位隋朝聘陳使節之中，有八位是原北齊人士，在北方統一後爲北周或隋朝所任用。其中如王劭、崔儦、薛道衡、劉顗與魏澹，在北齊後主時，皆曾被選入文林館，隋朝極可能意圖以他們的才華來彌補過去官員的不足處。

由史書中來看，這些原北齊人士的才華與名聲，也遠在同樣使陳的原北周人士之上：原北齊人士的使節，幾乎都可在史書中尋得其傳記，而原北周人士使節，卻約有半數在史書中並無傳記。

隋與陳的互使情況頗爲穩定，大致是一年一遣，僅有開皇三年（583）雙方都二度遣使，開皇八年陳朝多遣使一次。《隋書・高祖紀》中對雙方互使的時間和使節姓名等基本資料的記載，比《北齊書》和《周書》都詳盡，不過，多位使節的傳記之中，卻未提及他們曾經使陳，即使提及，也罕見相關過程之記述，反映出南北外交逐漸成了純然的國家公務，所以，對個人經歷而言，已不再那麼值得誇耀而受到重視。事實上，隨著南北強弱的差距日漸增加，現實的形勢明朗，外交競爭已不再具備那麼強的象徵意義。

隋朝的外交雖然有極強的務實傾向，然而，在少數被記載下來的事例中，還是可以察見其中包含了文化的優勢。《隋書》卷七十五〈儒林傳・元善〉載：

> 元善，河南洛陽人也。祖叉，魏侍中。父羅，初爲梁州刺史，及叉被誅，奔於梁，官至征北大將軍、青冀二州刺史。善少隨父至江南，性好學，遂通涉五經，尤明《左氏傳》。及侯景之亂，善歸於周。武帝甚禮之，……每執經以授太子。開皇初，拜內史侍郎，上每望之曰：「人倫儀表也。」凡有敷奏，詞氣抑揚，觀者屬目。陳使袁雅來聘，上令善就館受書，雅出門不拜。善論舊事有拜之儀，雅不能對，遂拜，成禮而去。

身爲拓拔鮮卑故北魏皇室之後，元善學於江南，回到北方後，儒學、儀表與談吐皆不凡，面對於來自陳朝的使節，在儀制辯論中勝出，似乎象徵了文化地位的轉移。

西魏以來，關中一向比較重視儒學，而入隋之後，廣納故北齊臣民，在文學方面也顯示出了優勢與地位的提昇，如《隋書》卷五十七〈薛道衡傳〉：

> 兼散騎常侍，聘陳使主。道衡因奏曰：「陛下比隆三代，平一九州，

　　岂容區區之陳，久在天網之外？臣今奉使，請責以稱蕃。」帝曰：「朕
　　且含養，致之度外，勿以言辭相折。」江東雅好篇什，陳主尤愛雕
　　蟲，道衡每有所作，南人無不吟誦焉。

薛道衡在北齊時期接待陳使傅縡，已有詩作勝出的事跡。值得注意的是，過
去，都是北人熱衷閱讀模仿南朝詩文，即使至東魏與北齊時偶有北人如溫子
昇或魏收的作品流傳南方，也都是透過正式使節帶回，而江左人士未必普遍
願意閱讀。到了陳後主時期，南人主動流傳閱讀薛道衡等北方文士的作品情
形，顯示了對北方文化的重視。

　　隋文帝囑咐不必以言辭折辱陳朝人士，而薛道衡卻有自信能責敵國稱
蕃，除了對本身辯才能力的自信，也沿續了過去北齊使節凌駕南朝人士的趨
勢，同時更是倚仗兩國間的強弱懸殊之形勢。這顯示了：無論如今文化的優
勢偏屬何方，過去在外交場合中，經過精挑細選而出任的官員，單憑才華學
養，彼此競爭的時代，已然一去不復返。

小　結

　　自北齊至隋朝，不論軍政、外交與文化地位，都已經有北朝凌駕南朝的
現象。然而，南北朝的文化高低易位，並非僅為南朝的人才流失或北朝漢文
水準提昇等單純文化層面的問題，還有更現實層面的因素。

　　不過，縱然逐漸不再以出使北朝為恥，仍從未有南朝人士以此為榮。即
使重視在外交中文化競爭的勝負，南朝官員主要還是只求在其中勝出，卻未
曾如北朝士人般，將在外交中得勝當成自己的光榮，更遑論因而被同儕稱
道，或更露骨地將出使邦國視為自己揚名增譽的捷徑。此一微妙的差異反映
出：在外交上的努力，最多只能讓南朝人士覺得北方人才不遜於江左，卻從
來沒有使北朝成為人們嚮往傾慕的漢文國度。即使到了如今雙方外交地位逆
轉的時期，仍是如此，換言之，雖然江左失去文化光環，也只是進入南北不
相傾慕的情況，北朝從沒有機會將南朝卸下的光環撿拾起來，改戴在自己頭
上。

　　無法在文化上完全取代過去南朝的地位，部份是因為北齊至隋朝，佔於
上風的時間並不算長，就進入了統一時期，部份是因為隋朝的文風，仍是江
左文學的沿續。不過，在文化的層面，不再出現軍政與文化地位相反的微妙

情況，仍可以察見文化標準轉移的端倪：文化不再獨立於軍政局勢之外，而由兩者各行其是，轉化爲密不可分的局面。

第八章 結 論

　　在記述南北朝時期的史書及文獻資料裏，往往強調南北雙方地位的不平等，那經常是基於政治立場的書寫而造成的；後世學者捨棄了以族群、正統等角度來進行的偏頗筆調，盡量持平立論，這樣的態度雖然客觀，但在某些領域中，反倒違反了實情，因爲當時南北之間的某些不平等確實是存在的，外交即是其中一環，只是造成外交不平等的因素，與軍政實力沒有必然關係，主要在於漢文化實力的厚薄。倘若忽略了當時雙方漢文化的差距，硬性地認爲南北外交總是處於對等競爭的狀態，仍是不恰當的。

　　觀察南北史料的差異，儘管記述外交過程的詳略不免有偶然因素在內，然而長時間普遍情形的對比，本身就反映了人們對某一議題或某類事件的態度。以北朝史書爲例，無論是北朝人撰修的《魏書》或唐修《北齊書》、《周書》或《北史》，對外交的載錄之詳細，遠遠超過南朝史書。南朝史書對外交向來著墨不多，大體上又前不如後：《宋書》疏於《南齊書》，《南齊書》又疏於《梁書》、《陳書》，而《南史》則頗有補充。不過，即使是後三本唐修史書，對南北外交的記載仍不如任何一本北方史書來得詳細。另一方面，南朝史書對南北外交的記載甚至少於與西域或西南等小國的外交，此種落差呈顯出一種不自然的態度，似乎有刻意淡化北魏影響力的傾向。

　　整體而言，南北互動並非單向的，然而對北朝的意義卻遠大於南朝。在漢文化方面佔有較多優勢的南朝，反而時常因現實的軍政形勢而改變對北朝的外交態度。至於雙方對外交活動的認知，以及賦予外交活動何種意義，又表現在使節條件的調整上。自北魏道武帝開始與東晉往來，至隋與陳之間最後一次遣使，大約隔了一百九十三年左右，這段期間雙方外交的選使標準不

斷地改易，反映出文化地位的消長與演變概況。

北朝方面，在十六國末期經歷了百餘年動亂的斲害之後，漢文化一度沒落，然北魏開國以來卻逐步展開外交，並且有愈來愈積極的趨勢，特別在太武帝一朝，將剛受到重視的儒學當成主要選使標準，此後深化了外交活動的意義，使其不再只處理和軍戰、政治相關的實際事務，而與國內的教育、知識甚至更深層的感受領域扣合，甚至成為刺激北魏漢文化興盛的重要機制。

南朝方面，基於兩晉以來對五胡政權的仇視，以及拓拔鮮卑過去曾為藩屬的上下階次，很長一段時間都對南北外交採取冷漠的態度，故其使節向來僅負責實際的談判議和，沒有被寄予更多的期待。因此，儘管南朝本身的文化水準較高，但將文化內涵注入外交活動的時間反倒較晚。

以下將前面各章所述，採用線狀略圖呈現：

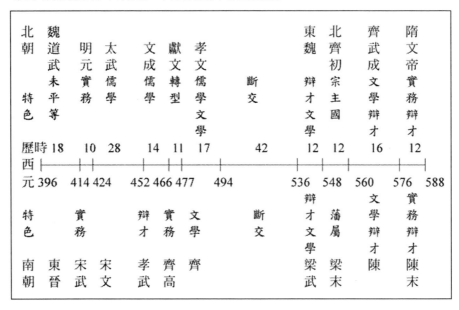

雖然圖表無法精確地反映外交領域的文化內涵，但仍可藉以看出整體演變的情況。如果從牽涉的漢文化範疇來談，那麼首先要注意的是，儒學對北魏外交的影響力一直存在，而文學地位的揚昇始終有限。雖然在北魏獻文帝一朝有了轉變的跡象，但其實必須等到東魏時期，文學才真正地取代儒學，成為選用使節的核心條件，並且被當作南北競爭的項目。另一方面，儒學在南朝卻從未與外交活動產生太大關聯，文學與辯才則在蕭齊中晚期就成為選使的重要參考，反映了江左的文化偏向。不過，在南北朝最後的五十年裏，

辯才與文學乃是南北選使共同的考量，兩國的文化潮流與文化水準愈來愈接近，因此在東魏與蕭梁互相對抗的時期，南方人士雖未盡除過去對北方人士的歧視，卻也承認了他們學思上的價值。

在歷時考察下，可以發現，由於南北朝複雜的政局和歷史的亂象，造成後人許多認知上的偏誤。例如「既南北通好，務以俊乂相矜，銜命接客，必盡一時之選」等對東魏與蕭梁特定時期外交盛況的描述，被以偏概全地視為整個南北朝外交的全貌，忽略了時空前後的差異。事實上，不僅此等盛況的時間相當短暫，即使是外交上的文化競爭，亦非南北朝一開始就存在的現象，這是因為雙方各有不同的條件和態度：北魏早期因為受限於國內的漢文化水準，對外交活動所挾帶的文化意涵並無太多認識；而南朝則沉浸於夷夏之辨的排他情緒裏，完全不想為雙方外交付出多餘的心力，也就很難突破實用的格局。在北魏道武帝、明元帝乃至太武帝時期，南北幾乎稱不上有什麼文化交流，大抵是北方單方面透過外交活動接受文化刺激，南方仍然維持一貫的輕忽態度，連展示人才的興緻也極度缺乏，至於產生競爭意識的時間，自然就更晚了。

切確地說，在劉宋孝武帝派遣明僧暠出使以後，南北外交中的文化競爭才算真正開始。然而北魏直到孝文帝時期，能與南朝抗衡的外交人員仍屬少數。所以，即使將這段並非平等競爭的時期加入，南北進行文化競爭的時間合計也不滿八十年，僅僅佔了雙方外交歷史大約一半的時間而已。

由於外交為整體文化的一部份，推而廣之，北朝之漢化概況亦如外交過程般受到極大的誤解。北朝確實受到南朝給予的強烈文化震撼，以致影響了拓拔鮮卑一族的發展，但並不像多數人想像的那麼早開始，拓拔鮮卑也曾經有過抵抗漢文化的階段，從君王到臣民，各自懷抱著不同的動機與理由，嘗試將各種外來的語言、習俗、禮儀、學術摒除出去。以文學為例，後人公認北朝盡力地向南朝學習，然而北魏初中期因為統治階層的猜忌，壓抑了南朝各種典籍辭章的傳播，所以必須等到獻文帝晚期乃至孝文帝一朝，北魏士人才開始關注南朝文學。

是故趙翼指稱南北兩朝選派「文學優贍」者出使，同樣有待商榷。「文學」一詞，無論意謂著狹義的文章詞藻，或是廣義的文史學養，都無法精準地說明當時外交與文化的脈動——前者僅能適用於部份時期，後者又因太過籠統，不免營造出南北朝始終一致的錯誤印象。

評價的產生是相當微妙的，論者所處的立場、國家本身的強弱、兩國之間的敵友關係，皆是置立與動搖評價的重要因素，尤其涉及到不同種族的地位與認同問題，更難免造成許多偏頗的意見。故魏收對北朝政事的傳載、沈約對劉宋興亡的記錄、蕭子顯對南齊起滅的描況，都有刻意迴避扭曲而值得懷疑的地方，至於北方史書所敘述的南方、南方史書所敘述的北方，更與真實的面貌多所差距，兩者並未達至平衡，而是處於各自表述的狀態。因此，過往的評價可以幫助後代讀者迅速掌握歷史，但也充滿知識上的陷阱。

另外，北朝的漢文化成就之所以被低估，並不只是南朝歧視的問題，也導源於政府長期排抵漢文化，使得北人對自己缺乏信心，而嚮往著江左。北朝的漢文化水準並不總是保持著穩定上揚的趨勢，而是時高時低，呈現難以捉摸的曲折狀態。耐人尋味的是，北朝與南朝文化地位的逆轉，並非在其漢化的鼎盛時期，反而在漢化再次衰落的情況下取得；換言之，北朝凌駕南朝，並不純粹是文化上的勝利，而是配合著軍事政治的勝利所獲得的全面性成果。

自太武帝一朝開始，北朝就盡力在外交場合中求取南朝的尊重，不過，這個過程十分漫長，成效更是有限。在孝文帝時期，為了進一步漢化，甚至拋棄了承襲已久的生活習慣和不同種族之間的界分，然而，獲得的肯定卻總是不如預期，北朝人士在面對南朝官員時仍屈居弱勢，即使面對投奔入北的流亡客，也往往沒有招架之地。箇中原因除了北朝受到環境限制，拖延了漢文化提昇的腳步之外，也與外交官員的表現有關，由於對國際儀節不夠嫻熟、語言與風氣的隔閡，南朝人士所感受的北朝漢文化，就比實質內涵遜色許多，致使北朝的進步總是被低估。

北朝人士經過相當時間的摸索，才體會到要避免他人對自己認知的錯謬，不僅必須提振本身的水準，也需要懂得如何表達出來，於是以文才選使、以辯才選使的觀點便逐漸出現，反過來也帶動了國內的文學潮流。諷刺的是，北魏努力地配合南朝的文化標準，卻始終沒能得到真正的肯定，但西魏、北周與隋，採用無視南朝文化的粗暴手段，反倒讓南朝不得不服從。文化的力量究竟是強大的抑或弱小的？值得細細推敲，也很難有圓滿的答案。

在魏收「亡國之文麗」的看法裏，以及隋文帝用政治力量強硬逼使文風扭轉的宣言中，都提到北朝勝過或壓倒南朝文化、文學的論點，但這些論點皆含藏著極強的政治意味，未必確實，然而後世卻會在這種論點上踵事增華、

加強證據，使原本政治性的評議轉虛成眞。不過這仍舊吻合本篇論文所觀察到的現象：北朝文化之評價與其國家地位高低隱然相符，透露出一個極為現實的面向，即外交與文化等領域看似獨立，其實仍與國家的勢力交互作用，與政治、軍事、經濟等無法切割開來。

南北朝官方重要交流事件表

　　關於南北朝通使表，多位前輩學者已曾製作，如：逯耀東《從平城到洛陽：拓跋魏文化轉變的歷程》，第六章〈北魏與南朝對峙期間的外交關係〉附〈北魏與宋齊梁交聘表〉；張金龍《北魏政治史》於各朝有南北通使列表；韓雪松《北魏外交制度研究》附〈北魏外交往來聘問表〉，然三者皆以北魏為時代斷限。日本學者後藤勝〈聘使交換より見た南北朝關係——關係史料の編年整理〉，事實上僅包括北魏、東魏與西魏，之後的北齊、北周、隋與陳並未納入。又如：鄭欽仁〈宋魏交聘表〉；呂春盛〈北齊衰亡〉，編列的時間更特定於一代。

　　較完整涵蓋拓跋氏政權與南北朝的外交年表，如：黃寶實《中國歷代行人考》中南北朝時期的部份；然而其書以資料匯整為主，並未對當時相關局勢多加釋繹。周春元《南北朝交聘考》所附表格涵蓋時間最完整，而蔡宗憲《中古前期的交聘與南北互動》一書中，在各家基礎上，又製作了更完善的〈南北朝交聘編年表〉。

　　前輩們的成果俱在，故筆者原擬放棄表格之製作，然為求審慎，於研究過程中，仍自行編撰了一份表格。在研究過程中，參照諸前輩之成果以校正，發現既有諸表格仍有可修訂之處。

　　首先，是時間順序難免舛誤，大者如年號朝代之錯置；小者如日月干支，諸表格並未核察其前後。其次，是交流事件的時間或內容考訂，部份涉及南北雙方之國家尊嚴與差異視角，必須參照雙方和後世之說，方可歸納出較清晰概況，而前輩們的表格多以北朝史料為主，對此著力較少。還有，表格雖是資料的排比編撰，卻不僅是機械化地按時置入而已，而預設有對史料的判

讀標準以取捨，如官員身份與任務性質，諸表格頗有取捨不一，如：戰時使節、非中央名義的遣使，往往一份年表中，對同類事件，卻有不同的取捨，故本文的此份年表從寬認定。

綜上所述，比起既有表格，本表計增列遣使約十次、考訂外交官員約十人，校正時序十餘處。另外，本篇論文所論之交流，時有聘問以外事例，如：雙方牽涉層級較高的戰時或州郡間遣使等事件，論文中涉及的重要流亡人士列入等，表格中也將之納入，使讀者能對其時間順序一目了然。然而，限於資料繁雜與個人能力，恐仍難免訛誤疏漏，尚祈方家指正。

又，表中以中明體排列外交史事，以標楷體排列相關交流史事，以為區分，避免混淆。

一、拓拔氏政權與東晉、十六國政權重要交流事件

西元	拓拔氏年號	對象	事件概況	出處
386	代王拓拔珪 登國元年		正月戊申，拓跋珪即代王位，改元登國。徙居襄之盛樂。 四月，改稱魏王。〔註1〕	魏書2 通鑑106
		後燕	八月，劉顯遣弟亢泥迎拓拔珪叔父窟咄，以兵隨之，來逼南境。拓拔珪慮內難，乃北踰陰山，復依賀蘭部，遣外朝大人遼東安同求救於燕，燕主慕容垂遣趙王麟救之。	魏書2 通鑑106
387	登國二年	後燕	五月，魏長史張袞言於魏王珪曰：「劉顯志在併吞，今不乘其內潰而取之，必為後患。然吾不能獨克，請與燕共攻之」。珪從之，復遣安同乞師於燕。	魏書2 通鑑107
		後燕	十月癸卯，遣外朝大人王建使於慕容垂。	魏書2
388	登國三年	後燕	八月，使九原公拓拔儀使於慕容垂。 及太祖將圖慕容垂，遣儀觀釁。垂問儀太祖不自來之意，儀曰：「先人以來，世據北土，子孫相承，不失其舊。乃祖受晉正朔，爵稱代王，東與燕世為兄	魏書2,15 通鑑107

〔註1〕 拓拔珪此時並未確定國號，故皇始三年（398，即天興元年）六月，晉使前來，有詔議定國號之事。

			弟。儀之奉命，理謂非失。」垂壯其對，因戲曰：「吾威加四海，卿主不自見吾，云何非失？」。	
		後燕	冬十月，慕容垂遣使朝貢。	魏書 2
389	登國四年	後燕	五月，陳留公元虔使於慕容垂。	魏書 2
390	登國五年	後燕	慕容垂遣子賀驎率眾來會。夏四月丙寅，行幸意辛山，與賀驎討賀蘭、紇突鄰、紇奚諸部落。六月，賀訥等請降，告困。秋七月丙子，帝引兵救之。	魏書 2
			八月，遣秦王拓拔觚使於慕容垂。	魏書 2
391	登國六年	後燕	六月，慕容賀驎破賀訥於赤城。帝引兵救之，驎退走。	魏書 2
			七月，慕容垂止拓拔觚而求名馬，帝絕之。	
		西燕	太祖既絕慕容垂，以庾岳為大人，使詣慕容永。	魏書 2,28
		西燕	慕容永使其大鴻臚慕容鈞奉表勸進尊號。	魏書 2
392	登國七年	西燕	冬十有二月，慕容永遣使朝貢。	魏書 2
393	登國八年	西燕	慕容垂討慕容永於長子。六月，車駕北巡。永來告急，遣陳留公元虔、將軍庾岳率騎五萬東度河救之。	魏書 2
		後秦	太祖遣狄干致馬千匹，結婚於姚萇。會萇死興立，因止狄干而絕婚。〔註2〕	魏書 28 晉書 118 通鑑 108
394	登國九年		一月，（後涼）三河王呂光遣使拜禿髮烏孤冠軍大將軍、河西鮮卑大都統。	通鑑 108
		西燕	慕容垂討慕容永於長子。六月，車駕北巡，永來告急，遣陳留公元虔、將軍庾岳率騎五萬東度河救之。	魏書 2
			八月，西燕主慕容永困急，遣其子常山	魏書 2

〔註2〕 據《晉書》與《通鑑》，卷108〈晉紀・孝武帝太元十九年（393）〉，姚萇死於十一月己亥。《通鑑》又云：「初，魏主珪遣北部大人賀狄干獻馬千匹求昏於秦，秦王興聞珪已立慕容后，止狄干而絕其昏」，而《魏書》，卷13〈皇后傳〉云：「道武皇后慕容氏，寶之季女也。中山平（397），入充掖庭」；卷2〈太祖紀〉載，天興三年（400），「三月戊午，立皇后慕容氏」。賀狄干究竟於何時出使後秦，史料未詳，姑從最早之說。

		公弘等求救於晉雍州刺史郗恢，並獻玉璽一紐。永恐晉兵不出，又遣其太子亮爲質。晉、魏兵皆未至，燕人執永，斬之。	通鑑 108
		十二月，秦主興遣使與燕結好，並送太子寶之子敏於燕，燕封敏爲河東公。	通鑑 108
395	登國十年	正月，燕主垂遣散騎常侍封則報聘於秦。	通鑑 108
		魏王珪叛燕，侵逼附塞諸部。五月，甲戌，燕主垂遣太子寶、遼西王農、趙王麟帥眾八萬，自五原伐魏。	魏書 2 通鑑 108
		七月，慕容垂遣其子寶來寇五原，造舟收穀。帝遣右司馬許謙徵兵於姚興。	魏書 2
		七月，珪遣右司馬許謙乞師於秦。	通鑑 108
396	登國十一年 皇始元年	七月，左司馬許謙上書勸進尊號，帝始建天子旌旗，出入警蹕，於是改元。	魏書 2 通鑑 108
	東晉	是歲，司馬昌明死（9.20），子德宗僭立（9.21），遣使朝貢。	魏書 2
397	皇始二年	魏又遣遼西公賀賴盧率騎與章圍鄴，慕容德遣其參軍劉藻請救於姚興，且參母兄之問，而興師不至。	晉書 127 通鑑 109
	後秦	二月，以奚牧爲并州刺史。牧與東秦主興書稱「頓首」，與之均禮。興怒，以告拓拔珪，珪爲之殺牧。	魏書 2 通鑑 109
	後燕	二月，拓拔珪欲北還，遣其國相涉延求和於燕，且請以其弟爲質。	通鑑 109
	後燕	慕容寶聞魏有內難，不許和，使冗從僕射蘭眞責珪負恩。	魏書 2
	後燕	三月，慕容寶遣使求和，請送元觚，割常山以西奉國，乞守中山以東，帝許之。已而寶背約。辛亥，車駕次中山，命諸將圍之。是夜，寶弟賀麟將妻子出走西山。	魏書 2
	東晉安帝隆安元年	九月，秦主興入寇。遣姚崇寇洛陽，河南太守夏侯宗之固守金墉。	通鑑 109
		是年冬，德宗遣使朝貢，并乞師請討姚興。	魏書 96

398	皇始三年	東晉隆安二年	二年夏，德宗又遣使朝貢。	魏書24,96
			六月，晉使來聘，太祖將報之，詔有司博議國號。於是四方賓王之貢，咸稱大魏矣。	北史21 通鑑110
			秋七月，魏遷都平城，始營宮室，建宗廟，立社稷。	魏書2
			八月，姚興侵司馬德宗襄陽戍，戍將郗恢馳使乞師於常山王遵。太祖詔崔逞與張袞爲遵書以答。答書失旨，遂賜死。〔註3〕	魏書2,96 通鑑110
			時魏氏強盛，山陵危逼，郗恢遣江夏相鄧啓方等以萬人距之，與魏主拓跋珪戰於滎陽，大敗而還。	晉書67
			是年冬，德宗遣使朝貢，并乞師請討姚興。	
	北魏道武帝天興元年		十有二月己丑，魏王拓拔珪稱帝，改年。	魏書2
399	天興二年	東晉隆安三年	二年夏，德宗又遣使朝貢。	魏書2,96
			六月，秦齊公崇、鎮東將軍楊佛嵩寇洛陽，河南太守隴西辛恭靖嬰城固守。七月辛西，司馬德宗將辛恭靖請救。雍州刺史楊佺期遣使求救於魏常山王遵。	晉書67 通鑑111
			魏主珪以散騎侍郎西河張濟爲遵從事中郎以報之。	魏書33 通鑑111
			八月，遣太尉穆崇率騎六千往赴之。	
		南涼	禿髮烏孤死，弟鹿孤代立，遣使朝貢。	魏書2
400	天興三年	後秦	夏四月，姚興遣使朝貢。五月戊辰，詔謁者僕射張濟使於姚興。	魏書2,33,95
			後秦滅西秦。八月，乾歸歸後秦。	通鑑111
			十一月，後秦姚興遣晉將軍劉嵩等二百三十七人歸晉建鄴。	
401	天興四年		五月，姚興將姚碩德率眾至姑臧。先是，南涼禿髮利鹿孤據西平，北涼沮渠蒙遜據張掖，西涼李暠據敦煌，與後涼呂隆相持。至是（七月），皆遣使降後秦。	晉書117 通鑑112
			十月，南燕主備德母及兄納皆在長安，備德遣平原人杜弘往訪之。	

〔註3〕 《通鑑》繫崔逞之死於明年，而郗恢今年九月左右卸任回京。《晉書》又云：
隆安「三年（399）春又殺郗恢」，則書信往來在本年九月之前。

402	天興五年	後秦	三月，晉司馬休之、劉敬宣、高雅之俱奔洛陽，各以子弟爲質於秦以求救。秦王興與之符信，使於關東募兵，得數千人，復還屯彭城間。	通鑑 112
			初，魏主珪遣北部大人賀狄干獻馬千匹求昏於秦，秦王興聞珪已立慕容后，止狄干而絕其昏。沒弈干、黜弗、素古延，皆秦之屬國也，而魏攻之，由是秦、魏有隙。五月，姚興遣其弟安北將軍、義陽公平率眾四萬來侵。秋七月戊辰朔，車駕西討。八月乙巳，至於柴壁。興頻使請和，帝不許。帝慮蠕蠕爲難，戊申，班師。	魏書 2,28 通鑑 111
			十月，晉冀州刺史劉軌邀司馬休之、劉敬宣、高雅之等共據山陽，欲起兵攻桓玄，不克而走。將奔魏，至陳留南，分爲二輩：軌、休之、敬宣奔南燕；虔之、壽、長慶、恭奔秦。魏主珪初聞休之等當來，大喜。後怪其不至，令兗州求訪，獲，其從者，問其故，皆曰：「魏朝威聲遠被，是以休之等咸欲歸附，既而聞崔逞被殺，故奔二國。」	魏書 32 通鑑 112
403	天興六年	東晉桓玄	桓玄遣使聘後秦，請辛恭靖、何澹之。〔註4〕	晉書 117 通鑑 113
		同上	十月，司馬德宗（桓玄）遣使朝貢。〔註5〕	魏書 2
			十一月，桓玄廢其主司馬德宗而自立，僭稱大楚。	魏書 2
404	天興七年	桓玄	夏四月，詔尚書郎中公孫表、張濟使於江南，以觀桓玄之釁也。值玄敗而還。	魏書 2,33
	天賜元年		十月，改元。	魏書 2
405	天賜二年		七月，東晉劉裕遣大參軍衡凱之詣後秦姚顯，請通和，顯遣吉默報之，自是聘使不絕。晉求南鄉諸郡，興許之。	晉書 117 通鑑 114
406	天賜三年			

〔註4〕《晉書》記姚興云：桓玄「將篡」，可知遣使在十一月前。

〔註5〕東晉在同一時期遣使北方秦、魏二國，《晉書》既云赴後秦使節爲桓玄所遣，則赴北魏者亦同。

407	天賜四年	後秦	五月，魏主珪歸所虜秦將唐小方於秦。秦王興請歸賀狄干，仍送良馬千匹以贖狄伯支；珪許之。	魏書28 通鑑114
			魏放狄伯支、姚伯禽、唐小方、姚良國、康官還長安。	
			賀狄干久在長安，常幽閉，因習讀經史，舉止如儒者。及還，魏主珪見其言語衣服皆類秦人，以爲慕而效之，怒，並其弟歸殺之。	
			勃勃聞秦復與魏通而怒，乃謀叛秦。六月，自稱大夏天王、大單于，大赦，改元龍升，置百官。	通鑑114
			後燕幽州刺史上庸公懿以支降魏，魏以懿爲平州牧、昌黎王。	通鑑114
			七月，南燕王超母妻猶在秦，超遣御史中丞封愷使於秦以請之。秦王興曰：「昔苻氏之敗，太樂諸伎悉入於燕。燕今稱藩，送伎或送吳口千人，所請乃可得也。」超從之，乃使韓範聘於秦，稱藩奉表。	晉書118 通鑑114
			八月，後秦使員外散騎常侍韋宗聘於南燕。	晉書118 通鑑114
			九月，西蜀譙縱稱藩於秦。	通鑑114
			南燕主超使左僕射張華、給事中守正元獻太樂伎一百二十人於秦，秦王乃還超母妻，厚其資禮而遣之。	晉書118 通鑑114
			大夏勃勃求婚於南涼禿髮辱檀，辱檀不許。十一月，勃勃帥騎二萬擊辱檀。	通鑑114
			西涼公暠以前表未報，復遣沙門法泉間行奉表詣建康。	通鑑114
408	天賜五年	後秦	三月，姚興遣使北魏。	魏書2
			五月，蜀譙縱遣使稱藩於後秦，請桓謙，欲令順流東伐劉裕。姚興許之。	晉書118
			後秦王姚興以南涼禿髮辱檀外內多難，欲因而取之，使尚書郎韋宗往覘之。	晉書118 通鑑114
			南涼禿髮傉檀遣使人徐宿詣後秦姚興謝罪。	晉書118

409	天賜六年		正月，庚寅朔，南燕主超朝會群臣，歎太樂不備，議掠晉人以補伎。	通鑑115
			三月，劉裕抗表伐南燕。	
			六月，慕容超遣尙書郎張綱乞師於秦。尙書令韓範爲燕、秦所重，宜遣乞師。會綱自長安還，太山太守申宣執之，送於裕。	
			秦王興遣使謂裕曰：「慕容氏相與鄰好，今晉攻之急，秦已遣鐵騎十萬屯洛陽；晉軍不還，當長驅而進。」裕呼秦使者謂曰：「語汝姚興：我克燕之後，息兵三年，當取關、洛。今能自送，便可速來！」	晉書118 通鑑115
			慕容氏在魏者百餘家，謀逃去，魏主珪盡殺之。八月，賜衛王拓拔儀死。封融詣劉裕降。	魏書2 通鑑115
			十月，段宏自魏奔於劉裕。	通鑑115
	明元帝 永興元年		十月戊辰，道武帝崩。	魏書2
			壬申，明元帝即皇帝位，改年。	通鑑115
410	永興二年		劉裕滅南燕。	通鑑115
			譙縱遣侍中譙良等入見於秦，請兵以伐晉。	通鑑115
411	永興三年		六月，姚興遣使聘魏。	魏書3
			七月，柔然可汗斛律遣使獻馬三千匹於北燕馮跋，求娶跋女樂浪公主。	通鑑116
412	永興四年		晉伐西蜀。	
413	永興五年	後秦	三月庚午（5），〔註6〕秦王興遣使至魏修好。	魏書3 通鑑116
		後秦	十一月，魏主嗣遣使請昏於秦，秦王興許之。	晉書118 通鑑116
		後秦	姚興遣其吏部郎嚴康報聘，并致方物。姚興遣使朝貢，來請進女，帝許之。	晉書118 魏書3
414	神瑞元年		六月，司馬德宗冠軍將軍、太山太守劉研弟，輔國將軍、領東平太守陽平趙鸞，廣威將軍、平昌太守羅卓，斗城屠各帥張文興等，率流民七千餘家內屬。	魏書3

〔註6〕《魏書》繫二月，無庚午，從《通鑑》。

			禿髮鮮卑南涼爲乞伏鮮卑西秦所滅。宗室部份逃北涼，後再轉投北魏，明元帝（或太武帝）賜姓「源」。	魏書3
		後秦柔然北燕東晉劉裕	八月戊子，詔馬邑侯元陋孫使於姚興。辛丑，遣謁者悅力延撫慰蠕蠕，于什門招諭馮跋。詔平南將軍、相州刺史尉太眞與司馬德宗太尉劉裕相聞，使博士王諒假平南參軍將命焉。	魏書3
		後秦	姚興遣使來聘。	魏書3
			北燕主馮跋與夏連和，夏王勃勃遣御史中丞烏洛孤如燕蒞盟。	通鑑116
415	神瑞二年		晉荊州刺史司馬休之據江陵，雍州刺史魯宗之據襄陽，與劉裕相攻，遣使求援。興遣姚成王，司馬國璠率騎八千赴之。	通鑑117
			二月，司馬德宗琅邪太守劉朗，率二千餘家內屬。	魏書3
		東晉	四月，晉人來聘。	魏書3北史1
			五月，司馬休之等爲劉裕所敗，引歸。休之、宗之等遂與譙王文思，新蔡王道賜，寧朔將軍、梁州刺史馬敬，輔國將軍、竟陵太守魯軌，寧朔將軍、南陽太守魯範奔于姚興。	通鑑117
			益州刺史朱齡石遣使詣河西王蒙遜，諭以朝廷威德。蒙遜遣舍人黃迅詣齡石，且上表言：「伏聞車騎將軍裕欲清中原，願爲右翼，驅除戎虜。」	通鑑117
			夏王勃勃遣御史中丞烏洛孤與蒙遜結盟，蒙遜遣其弟湟河太守漢平蒞盟於夏。	通鑑117
		後秦	十月壬子，姚興使散騎常侍、東武侯姚敞，尙書姚泰，送其西平公主來，帝以后禮納之。	魏書3,95
416	神瑞三年		二月，後秦姚興崩。黃門侍郎尹沖及弟泓奔晉。	通鑑117
	泰常元年		四月壬子，改元。	
		東晉劉裕	八月，劉裕及琅邪王德文帥眾伐姚泓。太宗令叔孫建與劉裕相聞。	通鑑117魏書3,29

			十二月，西秦王熾磐遣使詣太尉裕，求擊秦以自效。裕拜熾磐平西將軍、河南公。	通鑑 117
417	泰常二年	東晉劉裕後秦	三月，太尉裕將水軍自淮、泗入清河，將溯河西上，先遣使假道於魏；秦主泓亦遣使請救於魏。	通鑑 118
			榆山丁零翟蜀率營部遣使通劉裕。馮跋使人王特兒等通於司馬德宗，魏章武太守捕特兒等，囚送京師。	魏書 3
		東晉劉裕	二月，辛酉，司馬德宗滎陽守將傅洪，遣使詣叔孫建，請以虎牢降。德宗譙王司馬文思遣使王良詣闕上書，請軍討劉裕。詔司徒長孫嵩率諸軍邀擊劉裕，戰於畔城，更有負捷。	魏書 3,25
			晉將劉裕之伐姚泓，太宗假嵩節，督山東諸軍事，傅詣平原，緣河北岸，列軍次於畔城。軍頗失利。詔假裕道，裕於舟中望嵩麾蓋，遺以鄔酒及江南食物，嵩皆送京師。詔嵩厚答之。	
			高祖西伐長安，拓拔嗣先娶姚興女，乃遣十萬騎屯結河北以救之，大為高祖所破，於是遣使求和，自是使命歲通。	宋書 95
			初，夏王勃勃聞太尉裕伐秦，謂群臣曰：「裕取關中必矣。然裕不能久留，必將南歸；留子弟及諸將守之，吾取之如拾芥耳。」裕遣使遺勃勃書，約為兄弟。勃勃使中書侍郎皇甫徽為報書而陰誦之，對裕使者，口授舍人使書之。裕讀其文，歎曰：「吾不如也！」	晉書 130 通鑑 118
			七月，劉裕克長安，執姚泓。	晉書 10
			魏主聞宋高祖克長安，大懼，遣使請和，自是每歲交聘不絕。	通鑑 119
			北涼沮渠蒙遜聞劉裕滅姚泓，怒甚。門下校郎劉祥言事于蒙遜，蒙遜曰：「汝聞劉裕入關，敢研研然也！」遂殺之。顧謂左右曰：「裕……亦不能久守關中。」	晉書 129 通鑑 118
			司馬休之、司馬文思、司馬國璠、司馬道賜、魯軌、韓延之、刁雍、王慧龍及桓溫之孫道度、道子、族人桓諡、桓璲、陳郡袁式等皆詣魏長孫嵩降。秦匈奴鎮將姚成都及弟和都舉鎮降魏。	魏書 38 通鑑 118

418	泰常三年	東晉	三月，晉遣使聘魏。	魏書3 北史1
			五月，魏遣征東將軍長孫道生、給事黃門侍郎奚觀率精騎二萬襲馮跋。	魏書3
			西涼李歆遣使來告襲位。冬，十月，以歆為都督七郡諸軍事、鎮西大將軍、酒泉公。	通鑑118
			十一月，晉朱齡石至長安。劉義真將士貪縱，大掠而東。夏赫連璝帥眾三萬追義真。長安百姓逐朱齡石。	通鑑118
			宋公裕聞青泥敗，未知義真存亡，怒甚，刻日北伐。鄭鮮之上表，以為：「……大軍遠出，後患甚多。……臣恐返顧之憂更在腹心也。若慮西虜（胡夏）更為河、洛之患者，宜結好北虜（北魏）；北虜親則河南安，河南安則濟、泗靜矣。」會得段宏啟，知義真得免，裕乃止。	
			夏王勃勃築壇於灞上，即皇帝位，改元昌武。群臣請都長安，勃勃曰：「魏與我風俗略同，土壤鄰接，自統萬距魏境裁百餘里，朕在長安，統萬必危；若在統萬，魏必不敢濟河而西。」	
			是歲，河西王蒙遜奉表稱藩於晉，拜涼州刺史。	通鑑118

二、北魏與劉宋交聘表

西元	北魏	劉宋	交聘概況	史料出處
420	明元帝泰常五年	武帝永初元年	劉裕既僭立，頻請和通，太宗許之。	魏書97
421	泰常六年	武帝永初二年	九月壬申，劉裕裕遣其中軍將軍沈範、索季孫等朝貢。	魏書3,97 北史1
422	泰常七年	永初三年	五月癸亥，宋武帝崩。 殿中將軍沈範、索季孫報使，反命已至河，未濟，拓拔嗣聞高祖崩問，追執範等，絕和親。太祖即位，方遣範等歸。 魏、宋交戰	宋書3,95 魏書97 通鑑119
423				
424	太武帝始光元年	文帝元嘉元年	宋遣使趙道生朝貢。	魏書97

425	始光二年	元嘉二年	夏四月，魏主遣龍驤將軍步堆、謁者僕射胡覯來聘，始復通好。	魏書 4 通鑑 120
426	始光三年	元嘉三年	八月，義隆使其殿中將軍吉恒朝貢。	魏書 4,97 北史 2
427	始光四年	元嘉四年	夏四月丁未，詔員外散騎常侍步堆、謁者僕射胡覯等使於劉義隆。	魏書 4 北史 2
428	始光五年 神麚元年	元嘉五年		
429	神麚二年	元嘉六年	四月，會江南使還，稱劉義隆欲犯河南。 四月，劉義隆殿中將軍孫橫之朝貢遣使朝貢。	魏書 103 魏書 4,97
430	神麚三年	元嘉七年	三年，又遣殿中將軍田奇朝貢。 魏、宋交戰	魏書 97 宋書 95
431	神麚四年	元嘉八年	閏六月乙未，詔散騎侍郎周紹使于劉義隆。 魏主遣散騎侍郎周紹來聘，且求昏。帝依違答之。 九月壬申，魏太武帝詔曰：「今二寇摧殄……，方將偃武修文，……延登俊乂」，遂徵盧玄等。	魏書 4 通鑑 122 魏書 4
432	延和元年	元嘉九年	五月，義隆又遣趙道生朝貢。 六月辛卯，兼散騎常侍鄧穎使於劉義隆。	魏書 4,97 北史 2 魏書 4 北史 2
433	延和二年	元嘉十年	二月壬午，魏主如河西，遣兼散騎常侍宋宣來聘，且為太子晃求婚。帝依違答之。 九月，義隆遣趙道生貢馴象一。 十有二月辛未，詔兼散騎常侍盧玄使於劉義隆。	魏書 4,97 北史 2 通鑑 122 魏書 4,97 北史 2 魏書 4 北史 2
434-5				
436	太延二年	元嘉十三年	三月丙辰，劉義隆遣使會元紹朝貢。 秋七月庚戌，詔散騎侍郎、廣平子游雅等使於劉義隆。	魏書 4,97 北史 2 魏書 4 北史 2

437	太延三年	元嘉十四年	三月丁酉，義隆遣其散騎常侍劉熙伯朝貢，且論納幣。六月，義隆女死，不果爲婚。	魏書4,97 北史2
438	太延四年	元嘉十五年	十二月丁巳，詔兼散騎常侍高雅（高推）使劉義隆。	魏書4,48 北史2,31
439	太延五年	元嘉十六年	十有一月乙巳，義隆遣黃延年獻馴象。 北涼亡，南北朝時期正式開始。	魏書4,97 北史2
440	太平眞君元年	元嘉十七年	二月己巳，詔假通直常侍邢穎使於劉義隆。	魏書4 北史2
441	太平眞君二年	元嘉十八年	夏四月丁巳，義隆遣使黃延年朝貢。 秋八月辛亥，詔散騎侍郎張偉等使劉義隆。 十有二月丙子，劉義隆又遣黃延年朝貢。	魏書4,97 北史2 魏書4 魏書4,97 北史2
442	太平眞君三年	元嘉十九年	虜鎮東將軍武昌王宜勒庫莫提移書益、梁二州，往伐仇池，侵其附屬，而移書越詣徐州。徐州答移。 劉義隆入寇。	宋書95 魏書97
443				
444	太平眞君五年	元嘉二十一年	八月壬午，詔員外散騎常侍高濟使於劉義隆。 高欽，幼隨從叔濟使於劉義隆。 十一月，劉義隆遣使朝貢。	魏書4,48,57 北史2 魏書4 北史2
445	太平眞君六年	元嘉二十二年	春正月辛亥，詔兼員外散騎常侍宋愔使劉義隆。	魏書4,63 北史2
446	太平眞君七年	元嘉二十三年	魏詔諸軍掠濟陰、金鄉等七縣，并驅其青冀二州民戶而還。北地人蓋吳聚眾反，劉義隆以吳爲安西將軍、雍州刺史，封北地公，規亂雍州，詔諸軍討平之。 二十三年，虜安南平南府又移書兗州，以南國僑置州，不依城土，多濫北境名號，又欲遊獵具區。兗州答移。	魏書97 宋書95
447				
448	太平眞君九年	元嘉二十五年	正月，義隆遣使獻孔雀。 虜寧南將軍、豫州刺史北井侯若庫辰樹蘭移書豫州。右將軍、豫州刺史南平王劉鑠答移。	魏書4,97 北史2 宋書95

449	太平眞君十年	元嘉二十六年	宋文帝欲經略中原，有封狼居胥意。	宋書76 通鑑125
450	太平眞君十一年	元嘉二十七年	拓拔燾遣員外散騎侍郎王老壽乘驛就太祖乞黃甘，太祖餉甘十簿、甘蔗千挺。	宋書95
			魏主將入寇。二月，甲午，大獵於梁川。	通鑑125
			國史案。六月己亥，詔誅清河崔氏與浩同宗者無遠近，及浩姻家范陽盧氏、太原郭氏、河東柳氏，並夷其族。盧度世逃亡。	魏書4 通鑑125
			九月辛卯，太武帝輿駕南伐。	魏書4
			十一月，拓拔燾又自上戲馬臺，復遣使至小市門，送駱駝、騾、馬及貂裘、雜飲食。宋安北長史張暢出對魏尙書李孝伯。城內有具思者，嘗在魏，劉義恭使視，知是孝伯。	宋書46 魏書53 南史2
			武陵王劉駿改服觀之。孝伯目帝不輟。	
			上遣奉朝請田奇餉以珍羞異味。拓拔燾以孫兒示奇曰：「至此非唯欲爲功名，實是貪結姻援，若能酬酢，自今不復相犯秋毫。」又求嫁女與世祖。	宋書95 通鑑125
			義隆遣黃延年朝於行宮，獻百牢，貢其方物，并請和，求進女於皇孫。世祖問延年曰：「范陽盧度世坐與崔浩親通，逃命江表，應已至彼？」延年對曰：「都下無聞，當必不至。」世祖詔東宮赦度世宗族。	魏書4,47,97
			十二月甲申，義隆使獻百牢，貢其方物，又請進女於皇孫以求和好。帝以師婚非禮，許和而不許婚，使散騎侍郎夏侯野報之。詔皇孫爲書、致馬通問焉。	魏書97 通鑑125
451	正平元年	元嘉二十八年	正平元年正月，世祖饗會於瓜步，既許和好，詔班師。	魏書97
			正月初，拓拔燾自廣陵北返，便悉力攻盱眙，就臧質求酒，質封溲便與之。燾怒甚，與質書。	宋書74
			十月庚申，義隆遣其將軍孫蓋等朝貢。	魏書97
			詔殿中將軍郎法祐使於義隆。	魏書4北史2
			虜自彭城北歸，復求互市。	宋書75
452	太武帝正平二年	元嘉二十九年	拓拔燾雖不剋懸瓠，而虜掠甚多，南師屢無功，爲燾所輕侮。與太祖書。此後復求通和，聞太祖有北伐意，又與書曰：「彼此和好，居民連接，爲日已久，而彼無厭，	

			誘我邊民，其有往者，復之七年。去春南巡，因省我民，即使驅還。」	
	文成帝興安元年		三月甲寅，魏太武帝崩於永安宮。宋文帝聞之，更謀北伐。	
453			宋文帝被弒。雙方交戰、連年內亂。	
454	文成帝興光元年	孝武帝孝建元年	世祖即位，索虜求互市。時遂通之。	宋書 95
456-8				
459?	興光五年	大明三年	明僧暠使魏。〔註7〕	南史 50
460	和平元年	大明四年	正月庚午，詔散騎常侍馮闡使於劉駿。	魏書 5 北史 2
			七月乙丑，宋使其散騎常侍明僧暠來聘。裴駿有才學，乃假給事中、散騎常侍，於境上勞接。	魏書 5,45,97 北史 38 南史 50
			十一月，詔散騎侍郎盧度世、員外郎朱安興使於劉駿。盧度世應對宋侍中柳元景失衷。還，被禁劾。	魏書 5,47 北史 2
			十二月辛丑，索虜遣使請和。	宋書 6
461	和平二年	大明五年	三月，劉駿使其散騎常侍尹顯朝貢。	魏書 5,97 北史 2
			十月，詔假員外散騎常侍游明根、員外郎昌邑侯和天德使于劉駿。宋直使明僧暠相對。	魏書 5,55 北史 2
462	和平三年	大明六年	三月甲申，駿使其散騎常侍嚴靈護朝貢。	魏書 5,97 北史 2
			十月，詔假員外散騎常侍游明根、員外郎昌邑侯和天德使于劉駿。	魏書 5 北史 2
463	和平四年	大明七年	多十月…，詔員外散騎常侍游明根，驍騎將軍、昌邑子婁內近，寧朔將軍、襄平子李五鱗使于劉駿。	魏書 5 北史 2
464	和平五年	前廢帝永光元年	閏五月庚申，世祖崩，其日，太子即皇帝位。	宋書 7
			九月己酉，車駕討征北將軍、徐州刺史義陽王劉昶，內外戒嚴。昶奔于索虜。	宋書 7 魏書 6

〔註7〕 《南史》，卷50〈明僧紹傳〉載，僧暠「宋大明中再使魏，于時新誅司空劉誕」，則大明四年為其二度出使，而首次應在誅劉誕之前。《宋書》，卷6〈孝武帝紀〉：大明三年，「秋七月己巳，剋廣陵城，斬誕」，但確實時間不詳。

465	和平六年	明帝 泰始元年	五月癸卯，魏文成帝崩。 五月甲辰，獻文帝即皇帝位。 宋壽寂之等殞廢帝於後堂。十一月二十九日夜也。 十二月丙寅，上即皇帝位。	
466	獻文帝 天安元年	泰始二年		
467	皇興元年	泰始三年	正月，劉彧遣其散騎常侍貝思、散騎侍郎崔小白朝貢。	魏書 97 北史 2
			十月，辛巳，詔徙義陽王昶為晉熙王，使員外郎李豐以金千兩贖昶於魏。魏人弗許，使昶與上書，為兄弟之儀。上責其不稱臣，不答。魏主復使昶與上書，昶辭曰：「臣本實彧兄，未經為臣。若改前書，事為二敬；敬彧不改，彼所不納。臣不敢奉詔。」乃止。	魏書 59 通鑑 132
468	二年	泰始四年	三月戊午，劉彧遣其員外散騎常侍李豐朝貢。	魏書 6,97 北史 2
469		泰始五年	四月壬辰，劉彧遣其員外散騎常侍王希洎朝貢。	魏書 6,97 北史 2
			五月，魏徙青、齊民於京師。	
			十一月，丁未，索虜遣使獻方物。 魏復遣使來修和親，自是信使歲通。	宋書 8 南史 3 通鑑 132
470	四年	泰始六年	六月，劉彧又遣員外散騎常侍劉航朝貢。	魏書 6,97 北史 2
471	皇興五年	泰始七年	三月，詔假員外散騎常侍邢祐使於劉彧。〔註8〕	魏書 6,97 北史 2
			三月辛酉，索虜遣使獻方物。	宋書 8 南史 3
	孝文帝 延興元年		八月丙午（21），魏獻文帝為太上皇帝，傳位孝文帝。	魏書 6-7
			八月丁未，劉彧遣員外散騎侍郎田廉、員外散騎侍郎祖德朝貢。	魏書 97 北史 3

〔註8〕 此處日月干支有疑，詳見《魏書》，卷 6〈校勘記〉。

472	延興二年	泰豫元年	正月乙卯，詔假員外散騎常侍邢祐使於劉彧。	魏書 7 北史 3
			四月辛亥，劉彧又遣田廉及員外散騎侍郎劉惠秀朝貢。	魏書 97 北史 3
473	延興三年	後廢帝 元徽元年	正月庚辰，詔員外散騎常侍崔演使於劉昱。	魏書 7 北史 3 南史 3
			九月乙亥，劉昱遣員外散騎常侍田惠紹、員外散騎侍郎劉惠秀朝貢。	魏書 97 北史 3 南史 49
474	延興四年	元徽二年	三月丁亥，詔員外散騎常侍許赤虎使於劉昱。	魏書 7 北史 3
			十月庚子，劉昱遣其員外散騎常侍明曇徽、員外散騎侍郎江山圖朝貢。	魏書 97 北史 3
475	延興五年	元徽三年	五月丙午，詔員外散騎常侍許赤虎使於劉昱。	魏書 7 北史 3 宋書 9 南史 3
			六月癸未，北國使至。	
			十二月庚寅，劉昱又遣員外散騎常侍李祖、員外散騎侍郎魚長耀（虞長耀）朝貢。〔註9〕	魏書 97 北史 3 南齊書 26
476	延興六年 承明元年	元徽四年	六月辛未，太上皇帝暴崩，時言文明太后爲之也。壬申，改年。戊寅，尊皇太后爲太皇太后，臨朝稱制。	魏書 7,13
477	太和元年	元徽五年	七月戊子夜，宋後廢帝殞。 壬辰，順帝即位，改年。	宋書 9-10

〔註9〕《南齊書》，卷 26〈王敬則傳〉載：「初爲散騎使虜，於北館種楊柳。後員外郎虞長耀北使還，敬則問：『我昔種楊柳樹，今若大小？』」《宋書》對與北魏外交之記載極爲簡略，所以並未提及王敬則出使之事。《南齊書》同樣未詳載王敬則這位「開國元勳」的出使年月，惟本傳述其官職：「（宋順帝）昇明元年（477），遷員外散騎常侍」，「（齊高帝）建元元年（479），出爲使持節、散騎常侍、都督南兗、兗、徐、青、冀五州軍事」，此後功在佐命、位高權重，不可能擔任使節。若以「初爲散騎」之官職論，則出使當在 477～479 三年間。不過，此三年之劉宋正副使，《魏書》，卷 97〈島夷劉裕傳〉備載，而未見王敬則之名。而且，虞長耀出使，在許赤虎第二次赴宋之同年稍後，反而先於王敬則任員外散騎常侍，於時亦不合。考《南史》，卷 45〈王敬則傳〉中，「初爲散騎使虜」作「初爲散筆使虜」，是其赴魏時，官階仍低，職非主、副使，而《魏書》僅記南朝正、副使之名，故均未及之。因此，王敬則出使之確實時間不詳，但先於虞長耀數年至十數年，皆有可能。

		宋順帝 昇明元年	八月戊寅，劉準遣其員外散騎常侍李祖、員外散騎侍郎陶貞寶赴國訃，并貢方物。	魏書 97 北史 3
			閏十一月庚子，詔員外散騎常侍李長仁使於劉準。	魏書 7,72 北史 3
478	太和二年	昇明二年	四月己丑，劉準遣員外散騎常侍何個、員外散騎侍郎孔邊朝貢。	魏書 7,97 北史 3 南齊書 34 南史 47
			十月壬辰，鄭羲兼員外散騎常侍，假寧朔將軍、陽武子，使於劉準。 宋主客郎孔道均就邸設會。	魏書 7,56 北史 3 全後魏文 58
479	太和三年	昇明三年	正月，劉準遣其員外散騎常侍殷靈誕、員外散騎侍郎苟昭先朝貢。	魏書 7,97 北史 3
			夏四月壬申，劉準遣使朝獻。	
		齊高帝 建元元年	夏四月壬申，進齊公爵為齊王。辛卯，禪位于齊。壬辰，帝遜位于東邸。齊王踐阼。	宋書 10

三、北魏與蕭齊交聘表

西元	北 魏	蕭 齊	交 聘 概 況	史料出處
479	魏孝文帝 太和三年	齊高帝 建元元年	拓拔宏聞齊太祖受禪，其冬，發眾遣丹陽王劉昶為太師，寇司、豫二州。	南齊書 57
			宋使殷靈誕聞太祖登極，謂虜典客曰：「宋魏通好，憂患是同。宋今滅亡，魏不相救，何用和親？」及虜寇豫州，靈誕因請為劉昶司馬。	
480			齊詔遣眾軍北討。	
481	魏孝文帝 太和五年	齊高帝建元三年	七月甲子，蕭道成遣後軍參軍車僧朗朝貢。九月庚子，閱武於南郊，大饗群臣。車僧朗以班在殷靈誕之後，辭不就席。劉準降人解奉君，刃僧朗於會中。詔誅奉君等。詔加僧朗殯斂，送喪隨靈誕等南歸。	魏書 7,98 北史 3 南齊書 57
482	太和六年	建元四年	三月壬戌，齊太祖崩，武帝即位。	南齊書 3
			九月，魏鎮西大將軍李崇命邊戍掠得齊人者悉還之，由是齊人亦還其生口二百許人，二境交和，無復烽燧之警。	魏書 55 通鑑 135

483	太和七年	齊武帝永明元年	七月甲申，詔假員外散騎常侍李彪、員外郎蘭英使於蕭賾。	魏書7,53,62,79,105 北史3
			齊高帝崩，魏遣李彪通弔。 齊武帝使張融接北使李道固。	南齊書41
			八月壬申，魏人來聘。	南史4
			十月，丙寅，遣驍騎將軍劉纘聘於魏，魏主客令李安世主之。有江南使至，魏人出內藏之寶，令使任情交易。	通鑑136 南齊書57 南史4
			十有一月辛丑，蕭賾遣其驍騎將軍劉纘、前將軍張謨朝貢。	魏書53,55,98 北史3,33
			劉纘至，芳之族兄也，擢芳兼主客郎，與纘相接。	
484	太和八年	永明二年	五月甲申，詔員外散騎常侍李彪、員外郎蘭英使於蕭賾。	魏書7 北史3
			孝文皇帝觀書亡落，恨閱不周，與為連和，規借完典。齊中書郎王融遠服君（李璧）風，啟稱在朝，宜借副書。	〈李璧墓誌銘文〉
			虜使遣求書，朝議不與。〔註10〕	南齊書47
			九月甲午，蕭賾遣員外散騎常侍司馬憲、兼員外散騎侍郎庾習朝獻。十月，高麗王璉遣使入貢於魏，亦入貢於齊。時高麗方強，魏置諸國使邸，齊使第一，高麗次之。	魏書7,98 北史3 南史72 通鑑136
			十一月乙未，詔員外散騎常侍李彪、員外郎蘭英使於蕭賾。	魏書7
			虜使李道固報聘，世祖於玄武湖水步軍講武，登龍舟引見之。自此歲使往來，疆場無事。	南齊書57 南史72
485	太和九年	永明三年	九年，五月，遣輔國將軍劉纘、通直郎裴昭明朝貢。	魏書7,42,68,98 北史3,40
			劉纘再使虜，太后馮氏悅而親之。	
			薛驎駒兼主客郎以接之。甄琛兼主客郎，迎送齊使彭城劉纘。琛欽其器貌，常歎詠之。	南齊書57 通鑑136
			十月，辛酉，詔員外散騎常侍李彪、尚書郎公孫阿六頭使蕭賾。	魏書7北史3 南史4

〔註10〕姚薇元《北朝胡姓考》定為永明二年，李彪報聘時提出要求。

486	太和十年	永明四年	正月癸亥朔，帝始服衮冕，朝饗萬國。 三月庚申，蕭賾遣裴昭明與冠軍參軍司馬迪之朝貢。	魏書 7,98 北史 3
487				
488			四月，蕭賾將陳顯達等寇邊。	
489	太和十三年	永明七年	七月，魏孝文帝詔以與蕭賾絕使多年，今宜通否，群臣會議。尚書陸叡曰：「先以三吳不靖，荊梁有難，故權停之，將觀釁而動。今彼方既靖，宜還通使。」明根曰：「中絕行人，是朝廷之事，深築醴陽，侵彼境土，二三之理，直在蕭賾。我今遣使，於理為長。」高祖從之。	魏書 55 通鑑 137
			八月乙亥，詔兼員外散騎常侍<u>邢產</u>、兼員外散騎侍郎<u>侯靈紹</u>使於蕭賾。	魏書 7,65 北史 3 南齊書 57
			十一月戊申，平南參軍顏幼明、冗從僕射劉思斅使虜。十二月甲午至魏，虜元會，與高麗使相次。二人與魏主客郎裴叔令、南部尚書李思沖辯論使節待遇規格，並向孝文帝抗議。 裴宣為尚書主客郎，與蕭賾使顏幼明、劉思效等對接。	魏書 45,98 北史 3 南齊書 57,58
490	太和十四年	永明八年	正月，齊武帝詔放隔城俘二千餘人還魏。	南齊書 57
			四月甲午，詔兼員外散騎常侍邢產、兼員外散騎侍郎蘇季連使於蕭賾。（邢產二使） 九月癸丑，魏太皇太后馮氏殂；孝文帝哀毀過禮。	魏書 7 北史 3
			十有一月丁巳，蕭賾遣使朝貢。	魏書 7 北史 3
491	太和十五年	永明九年	正月戊午，詔射聲校尉裴昭明聘于魏。 二月己丑，散騎常侍<u>裴昭明</u>、散騎侍郎<u>謝竣</u>如魏弔，欲以朝服行事。魏主命尚書李沖選學識之士與之言，沖奏遣著作郎上谷成淹。	南史 5 南齊書 53 魏書 7,98 北史 3 通鑑 137
			四月甲戌，詔員外散騎常侍李彪、尚書郎公孫阿六頭使於蕭賾。賾遣其主客郎劉繪接對，并設讌樂。彪辭樂。 五月丁未，魏人來聘。 彪將還，賾遂親至琅邪城，登山臨水，命群臣賦詩以送別。	魏書 7,62 北史 3 南史 4

			八月己亥，魏始通好，蕭琛再銜命至桑乾。	梁書 26 南史 4,18
			九月辛巳，又遣司徒參軍蕭琛、范縝朝貢。	魏書 98 北史 3
			十月甲寅，魏人來聘。	南史 4,18,47
			十一月戊寅，詔假通直散騎常侍李彪、假散騎侍郎蔣少遊使蕭賾。	魏書 7,91 北史 3
			少游有機巧，密令觀京師宮殿楷式。	南齊書 57 梁書 26
			魏遣李道固來使，齊帝讌之，蕭琛於御筵舉酒勸道固，道固不受，琛徐答，座者皆服，道固乃受琛酒。	
492	太和十六年	永明十年	二月乙巳，使司徒參軍蕭琛聘于魏。〔註 11〕	南史 4, 57
			蕭琛、范雲北使。拓拔宏西郊，次祠廟及布政明堂，皆引朝廷使人觀視。每使至，宏親相應接，申以言義，甚重齊人。	南齊書 57
			三月辛巳，遣蕭琛與司徒參軍范雲朝貢。裴宣爲尚書主客郎，與蕭賾使、蕭琛、范雲等對接。	魏書 7,36,58,91,98
			李憲接對蕭衍使蕭琛、范雲。	北史 3
			崔景儁受敕接蕭頤使蕭琛、范雲。	
			李彪宣命，至范雲所。	

〔註 11〕《南史》校記以爲：「二月」，各本脫「十」字，並據《通鑑》補，學者多從之，甚至因而認爲蕭琛曾經三度聘魏：即永明九年八月與范縝、永明十年三月與范雲，十二月與庾蓽等出使。然而，《魏書》，卷 98〈島夷蕭道成傳〉載：太和「十六年，復遣琛與司徒參軍范雲朝貢，又遣車騎功曹庾蓽、南豫州別駕何憲朝貢」，而《通鑑》順序則相反，且較早一次遣使的月份不同：永明十年一月，「散騎常侍庾蓽等聘於魏，魏主使侍郎成淹引蓽等於館南，瞻望行禮」；十二月，「十二月，司徒參軍蕭琛、范雲聘於魏」。若綜合二說，以爲蕭琛本年曾二度出使，豈非庾蓽亦二度出使？事實上，無論《南史》、《魏書》和《通鑑》，記載蕭琛與庾蓽聘魏之事時，兩人從未同時出現，所以，同時出使的可能性並不高。本年的二月與十二月皆有乙巳日，所以，筆者認爲，《南史》原謂「二月」未必有誤，甚至更符合《魏書》〈島夷蕭道成傳〉的順序。《通鑑》將庾、蕭二人出使順序顛倒，更將庾蓽出使時間提早到一月，而非維持《南史》的二月出發和《魏書》的三月至魏記載，可能是拘泥於太和十六年出使之說，而堅持讓庾蓽等在這一年元月參觀北魏首次明堂大典。然而，《魏書》卷 7 下〈高祖紀〉載：自此太和十六年正月開始，明堂布政「每朔，依以爲常」，而庾蓽在十二月至魏，以使節滯留時間而言，次年一月仍能參觀。綜上所述，此處從《魏書》和《南史》原說。

			七月甲戌，詔兼員外散騎常侍宋弁、兼員外散騎侍郎房亮使於蕭賾。	魏書 7,63,72 北史 3
			王融兼主客，接虜使房景高、宋弁。上以虜獻馬不稱，使融問。	南齊書 47
			蕭賾遣其散騎常侍庾蓽、散騎侍郎何憲、主書邢宗慶朝貢，〔註 12〕值朝廷有事明堂，因登靈臺以觀雲物。高祖敕成淹引蓽等館南矚望行禮。	通鑑 137 南史 4,49 魏書 19,79,98
			蕭賾使庾蓽來朝，蓽見拓拔澄音韻遒雅，風儀秀逸，謂主客郎張彝曰：「往魏任城以武著稱，今魏任城乃以文見美也。」	北史 3,46
493	太和十七年	永明十一年	正月乙丑，詔員外散騎常侍邢巒、兼員外散騎侍郎劉承叔使於蕭賾。 四月癸未，魏人來聘。	魏書 7,65 北史 3 南史 4
			七月戊寅，齊武帝崩，太孫鬱林王蕭昭業即位。	南齊書 4
			八月己丑，車駕發京師，南伐。九月庚午，幸洛陽。丁丑，群臣請停南伐，帝乃止。仍定遷都之計。	魏書 7
			九月壬子，詔兼員外散騎常侍高聰、兼員外散騎侍郎賈禎使於蕭昭業。 十一月庚戌，魏人來聘。 孝文徙都洛邑，借書於齊，祕府之中，稍以充實。〔註 13〕	魏書 7,33,68 北史 3 南史 5 隋書 32
			王肅歸國也，十月，以成淹曾官江表，詔觀是非。乃造肅與語，還奏言實。癸卯，魏主如鄴城。王肅見魏主於鄴，陳伐齊之策。	魏書 79 通鑑 138
494	太和十八年	鬱林王隆昌元年	正月甲戌，遣司徒參軍劉斆、車騎參軍沈宏報使至北。宏稱字玄覽。 二月癸卯，蕭昭業遣使朝貢。	南史 5 南齊書 57 魏書 7 北史 3
			二月甲辰，魏孝文帝詔天下，喻以遷都之意。	

〔註 12〕 此處有疑，見上註。

〔註 13〕 確定時間不詳，姑置於此。孝文帝遷都之計至次年二月甲辰方詔喻天下，此時洛陽之建設亦尚未完成，可是，之後孝文帝朝僅餘一次遣使南朝；蕭齊亦僅餘二次遣使北魏，而太和十九年正月最後一次齊使至魏時，雙方正處於交戰狀態，孝文帝御駕親征，行次靈丘，似乎不太可能處理書籍之事。

		海陵王 延興元年	六月己巳，詔兼員外散騎常侍盧昶、兼員外散騎侍郎王清石使於蕭昭業。	魏書 7,47 北史 3 南齊書 5,47 南史 5
			西昌侯蕭鸞議立蕭昭文爲帝，秋七月丁酉，即皇帝位。	
			八月壬辰，魏人來聘。	
		齊明帝 建武元年	十月癸亥，蕭鸞即皇帝位。	南齊書 6
			十一月己丑，車駕至洛陽。蕭鸞雍州刺史曹虎據襄陽請降。十二月壬寅，詔禁士民胡服。國人多不悦。	魏書 7 通鑑 139
			曹虎使竟不再來，魏主引公卿議行留之計。鎮南將軍李沖曰：「臣等正以遷都草創，人思少安；爲內應者未得審諦，不宜輕動。」	
			魏主不從。辛亥，車駕南伐。戊辰，至懸瓠。己巳，詔壽陽、鐘離、馬頭之師所獲男女皆放還南。曹虎果不降。	
			拓拔宏聞高宗踐阼非正，既新移都，兼欲大示威力。是冬，自率大眾分寇豫、徐、司、梁四州。	南齊書 57
			魏盧昶至齊，值蕭鸞僭立，於是高祖南討之，昶兄淵爲別道將。而蕭鸞以朝廷加兵，遂酷遇昶等。謁者張思寧辭氣謇諤，曾不屈撓，遂以壯烈死於館中。	魏書 47 通鑑 140
495	太和十九年	建武二年	高祖行次靈丘，屬蕭鸞遣使，敕驛馬徵成淹。十九年正月己亥（29），車駕濟淮，淹於路左請見。	魏書 7,79
			二月，至壽陽。甲辰，魏主登八公山，賦詩。魏主遣使呼城中人，豐城公遙昌使參軍崔慶遠出應之。慶遠問師故，魏主曰：「齊主何故廢立？」慶遠曰：「武王伐紂，不立微子而輔之。」魏主大笑曰：「朕來問罪。如卿之言，便可釋然。」「卿欲吾和親，爲不欲乎？」慶遠曰：「和親則二國交歡，生民蒙福；否則二國交惡，生民塗炭。和親與否，裁自聖衷。」魏主賜慶遠酒殽、衣服而遣之。	通鑑 140
			二月丁卯，魏孝文帝遣使臨江數蕭鸞殺主自立之罪惡。	魏書 7

			魏久攻鐘離不克，士卒多死。三月，戊寅，魏主如邵陽，欲築城置戍於淮南，以撫新附之民。賜相州刺史高閭璽書，具論其狀。閭上表，以為：「留守孤城，其不能自全明矣！……願陛下踵世祖之成規，旋轅返斾，經營洛邑，蓄力觀釁，布德行化，中國既和，遠人自服矣。」尚書令陸睿上表，以為：「願早還洛邑，使根本深固。」魏主納其言。**盧昶等使齊歸國，南北斷交開始。**	魏書 40,54 通鑑 140
			魏主欲變北俗，六月己亥，詔不得以北俗之語言於朝廷，若有違者，免所居官。癸丑，詔求天下遺書，祕閣所無、有裨益時用者加以優賞。丙辰，詔遷洛之民，死葬河南，不得還北。八月丁巳，金墉宮成。九月庚午，六宮及文武盡遷洛陽。十一月，議定圓丘。十二月，宣示品令，為大選之始。	魏書 7 通鑑 140
496	太和二十年	建武三年	正月丁卯，詔改姓為元氏。魏主雅重門族，以范陽盧敏、清河崔宗伯、滎陽鄭羲、太原王瓊、趙郡李氏，五姓為首。又詔以代人穆、陸、賀、劉、樓、於、嵇、尉八姓，一同四姓。	魏書 7,113 通鑑 140
497	太和二十一年	建武四年	八月庚辰，孝文帝車駕南討。	魏書 7
			齊孔稚珪以虜連歲南侵，征役不息，百姓死傷。乃上表言戰不及和，帝不納。〔註14〕	南齊書 48
498	太和二十二年	建武五年	九月己亥，孝文帝以蕭鸞死，禮不伐喪，乃詔反斾。	魏書 7
499	太和二十三年	東昏侯永元元年	正月，蕭寶卷遣太尉陳顯達寇荊州。癸未，詔前將軍元英討之。三月庚辰，車駕南伐。	魏書 7
500	宣武帝景明元年	東昏侯永元二年	豫州刺史裴叔業聞帝數誅大臣，心不自安，遣人問蕭衍以自安之計，曰：「不若回面向北，不失作河南公。」衍報曰：「若欲北向，彼必遣人相代，以河北一州相處，河南公寧可復得邪！」叔業又遣信詣魏豫州刺史薛真度，問以入魏可不之宜，叔業遂遣芬之及兄女婿杜陵韋伯昕奉表降魏。己亥，裴叔業病卒，魏以裴植為兗州刺史，李元護為齊州刺史，席法友為豫州刺史，軍主京兆王世弼為南徐州刺史。	通鑑 143

〔註14〕建武年間，確實時日不詳。

四、北魏與蕭梁重要人士往來表

北魏與蕭梁間，只有北魏一次單方面遣使，另一次半途而廢。不過，在複雜的軍政情勢下投奔敵國的人士不少，對南北交流的影響與意義，亦不遜於正式聘使，此處列出涉及官方交涉與論文中提及者。

西元	北魏	南朝	交流概況	史料出處
502	宣武帝景明三年	梁武帝天監元年	褚緭與陳伯之叛梁投魏。	梁書2 魏書8
503	景明四年	天監二年	（三月）蕭寶寅伏於魏闕之下，請兵伐梁。會陳伯之降魏，亦請兵自效。 （六月）魏揚州刺史任城王澄表稱：「蕭衍頻斷東關」。 八月，庚子，魏以鎮南將軍元英都督征義陽諸軍事。	魏書8 通鑑145
504	正始元年	天監三年	丁酉，揚州統軍劉思祖大破衍眾於邵陽，擒其冠軍將軍、邵陽縣開國侯張惠紹，驍騎將軍、祁陽縣開國男趙景悅等十將，斬獲數千級。 時蕭衍有移，求換張惠紹。……詔乃聽還。	魏書8,19中 通鑑145
505	正始二年	天監四年	十一月，魏主更以梁州軍司泰山羊祉為益州刺史。王足聞之，不悦，輒引兵還，遂不能定蜀。久之，足自魏來奔。	梁書2 通鑑146
506	正始三年	天監五年	三月，魏咸陽王禧之子翼，癸未，翼與其弟昌、曄來奔。 丁亥，陳伯之自壽陽率眾歸降。	通鑑146 梁書2
507	正始四年	天監六年	四月，北魏南征敗退。	
508	永平元年	天監七年	時魏郢、豫二州，自懸瓠以南至於安陸諸城皆沒，唯義陽一城為魏堅守。十月，城人白早生謀為叛逆，遂斬悅首，送蕭衍。既而邢巒復懸瓠，詔曰：「司馬悅暴罹橫酷，身首異所，國戚舊勛，特可悼念。主書董紹，銜命公行，因漂殊域，事可矜愍。尚書可量賊將齊苟兒等四人之中分遣二人，敕揚州為移，以易悅首及紹，迎接還本。用慰亡存。」	通鑑147 魏書8
509	永平二年	天監八年	北魏敕揚州為移，試圖易俘，梁武帝送還董紹，通過他致意兩國罷兵，宣武帝拒絕。	魏書79

			魏宗正卿元樹來奔，賜爵鄴王。樹，翼之弟也。時翼爲青、冀二州刺史，鎮郁洲，久之，翼謀舉州降魏，事洩而死。	通鑑 147
510				
511	永平四年	天監十年	魏御史中尉游肇曰：「知賊將屢以宿豫求易朐山，臣愚謂此言可許。」世宗將從之，尋而盧昶敗。	魏書 55
512				
513	延昌二年	天監十二年	郁洲迫近魏境，其民多私與魏人交布。朐山之亂，或陰與魏通，…（二月）庚辰，郁洲民徐道角等夜襲州城，殺稷，送其首降魏，北兗州刺史康絢遣司馬霍奉伯討平之。	通鑑 147
514	延昌三年	天監十三年	魏降人王足陳計，求堰淮水以灌壽陽。上以爲然。	通鑑 147
515	延昌四年	天監十四年	正月，宣武帝崩。	魏書 8
516	孝明帝熙平元年	天監十五年	三月，魏蕭寶寅在淮堰，上爲手書誘之，使襲彭城，許送其國廟及室家諸比還北；寶寅表上其書於魏朝。 （四月，康絢）縱反間於魏曰：「梁人所懼開淠，不畏野戰。」蕭寶寅信之，鑿山深五丈，開淠北注，……魏軍竟罷歸。	通鑑 148
517				
518	熙平三年 神龜元年	天監十七年	楊大眼之子甑生等奔於襄陽，遂歸蕭衍。 楊華少有勇力，容貌雄偉，魏胡太后逼通之，華懼及禍，乃率其部曲來降。胡太后追思之不能已，爲作〈楊白華歌辭〉。	魏書 73 梁書 39 南史 63
519	神龜二年	天監十八年	魏累世強盛，東夷、西域貢獻不絕，又立互市以致南貨，至是府庫盈溢。 任城王澄上表，以爲：「蕭衍常蓄窺覦之志，宜及國家強盛，將士施力，早圖混壹之功。比年以來，公私貧困，宜節省浮費以周急務。」太后不能用。	通鑑 149
520	孝明帝正光元年	普通元年	高句麗世子安遣使入貢於梁。二月，癸丑，以安爲寧東將軍、高句麗王，遣使者江法盛授安衣冠劍佩。魏光州兵就海中執之，送洛陽。	通鑑 149

			七月丙子，侍中元乂、中侍中劉騰幽皇太后於北宮，總勒禁旅，決事殿中。八月甲寅，相州刺史、中山王熙舉兵欲誅乂、騰，不果見殺。元熙弟元略奔梁。	魏書9
			十二月，魏遣使者劉善明來聘，始復通好。 敕使中書舍人朱异接之，預讌者皆歸化北人。 敕即使於南苑設宴，王錫與張纘、朱异四人而已。	梁書21,34 南史23
521	正光二年	普通二年	七月，丁酉，梁大匠卿裴邃欲襲壽陽，陰結壽陽民李瓜花等爲内應。邃已勒兵爲期日，恐魏覺之，先移魏揚州。揚州刺史長孫稚謀於僚佐，錄事參軍楊侃報移。邃得移，以爲魏人已覺，即散其兵。	通鑑149
522	正光三年	普通三年	蕭正德自黃門侍郎爲輕車將軍，頃之，亡奔魏。魏人待之甚薄，明年，復自魏逃歸。	通鑑149
523	正光四年	普通四年	李神俊爲前將軍、荊州刺史，請陰道方爲其府長流參軍。神俊曾使道方詣蕭衍雍州刺史蕭綱論邊事，道方風神沉正，爲綱所稱。	魏書52
524	正光五年	普通五年	正光末，蕭綱遣其軍主曹義宗等擾動邊蠻，李神俊令道方馳傳向新野，處分軍事。於路爲土因村蠻所掠，送於義宗，義宗又傳致襄陽，仍送於蕭衍，因之尚方。	魏書52
525	正光六年 孝昌元年	普通六年	正月，魏徐州刺史元法僧遣其子景仲來降。 三月，上召法僧及元略還建康，法僧驅彭城吏民萬餘人南渡。	通鑑150
			四月，靈太后復政。	魏書9
			五月，益州小劍，魏虜梁蕭世澄等將吏十一人，斬獲萬計。魏子建以世澄購胡小虎之屍，得而葬之。	通鑑150
			豫章王蕭綜密遣人送降款於元彧，殿中侍御史濟陰鹿念出使梁軍營。 蕭綜降魏，至洛陽。綜長史濟陽江革、司馬范陽祖暅之皆爲魏所虜，安豐王延明聞其才名，厚遇之。	通鑑150
526	孝昌二年	普通七年	五月，值魏主請中山王元略反北，乃放江革及祖暅還朝。	通鑑150

			蕭綜入魏旬月，位至司空。魏聽綜收斂僚屬，乃訪徐之才在彭泗。詔徵之才。孝昌二年，至洛，敕居南館，禮遇甚優。	北齊書 33
			十一月，辛巳，魏揚州刺史李憲以壽陽降，宣猛將軍陳慶之入據其城，凡降城五十二，獲男女七萬五千口。丁亥，縱李憲還魏。	
			孝昌中，（陰道方）始得還國。既至，拜奉朝請，轉員外散騎侍郎。	魏書 52
528	孝昌四年 孝莊帝永安元年	普通七年	四月，尒朱榮進京，殺靈太后，河陰之亂。	
			魏郢州刺史元顯達請降，詔郢州刺史元樹迎之。	
			四月，汝南王悅、北海王顥、臨淮王彧前後奔蕭衍，郢州刺史元顯達據城南叛。	
			北青州刺史元世俊、南荊州刺史李志皆舉州來降。	
		武泰元年	六月，丁亥，梁遣元彧還。	通鑑 152
			七月，臨淮王彧自江南還朝。	魏書 10
			七月，魏泰山太守羊侃，以其祖規嘗為宋高祖祭酒從事，常有南歸之志。徐紇往依之，因勸侃起兵，侃從之。且遣使來降；詔廣晉縣侯泰山羊鴉仁等將兵應接。	通鑑 152
			十月，帝以魏北海王顥為魏王，遣東宮直閤將軍陳慶之將兵送之還北。	通鑑 152
			十一月，魏行台尚書左僕射於暉等兵數十萬，擊羊侃於瑕丘，徐紇恐事不濟，說侃請乞師於梁，侃信之，紇遂來奔。	通鑑 152
529	孝莊帝永安二年	中大通元年	正月，甲子，魏汝南王悅求還國，許之。	通鑑 153
			四月，北海王顥與陳慶之乘虛自銍城進拔滎城，遂至梁國。顥登壇燔燎，即帝位於睢陽城南，改元孝基。	通鑑 153
			五月，甲戌，魏主北行，夜，至河內郡北。丙子，顥入洛陽宮，改元建武。	
			陳慶之之入洛也，蕭贊送啓求還。時吳淑媛尚在，上使以贊幼時衣寄之，信未達而慶之敗。	
			閏六月，尒朱榮自追陳慶之，會嵩高水漲，慶之軍士死散略盡，乃削鬚髮為沙門，間行出汝陰，還建康。	

			魏安豐王延明攜妻子來奔。	通鑑 153
			詔道方與儀曹郎中王元旭使於蕭衍。至南兗州，有詔追還。	魏書 52
			魏永安初，王暉聘梁。	北齊書 31
530	孝莊帝建明元年	中大通二年	六月，丁巳，帝復以魏汝南王悅爲魏王。庚申，以魏降將范遵爲安北將軍、司州牧，從魏王悅北還。	通鑑 154
			八月，庚戌，上餞魏王悅於德陽堂，遣兵送至境上。	
			魏王悅改元更興，聞爾朱兆已入洛，自知不及事，遂南還。	
531	節閔帝普泰元年廢帝中興元年	中大通三年	四月，魏詔有司不得復稱「僞梁」。	通鑑 155
			魏南兗州城民王乞得劫刺史劉世明，舉州來降。世明固請北歸，上許之。世明至洛陽，奉送所持節，歸鄉里，不仕而卒。	通鑑 155

五、東魏與蕭梁交聘表

北魏分裂後，東、西魏與蕭梁皆先通過邊州刺史進行較低層級接觸，之後東魏與蕭梁建立穩定外交關係十餘年，其間西魏與雙方皆無正式交流。

西元	北朝紀年	南朝	外 交 概 況	出 處
535	西魏文帝大統元年	梁武帝大同元年	初，魏孝武帝西遷，獨孤信、賀拔勝奔梁，乞師赴援。梁武帝雖不爲出軍，而嘉勝等志節，並許其還國。乃分崔謙先還，且通鄰好。	周書 35
			八月，西魏以趙剛爲兼給事黃門侍郎，使梁魏興，齎移書與其梁州刺史杜懷寶等論鄰好，并致請賀拔勝等移書。寶即與剛盟歃，受移赴建康，仍遣行人隨剛報命。	周書 33 通鑑 157
536	西魏文帝大統二年	大同二年	趙剛復使魏興，重申前命。尋而梁人禮送賀拔勝、獨孤信等。	周書 33 通鑑 157
			七月，上待魏降將賀拔勝等甚厚，許勝、史寧及盧柔皆北還西魏，親餞之於南苑。	
	東魏孝靜帝天平三年		陽休之爲南道軍司。賀拔勝南奔，休之隨勝至江南。休之聞神武推奉靜帝，乃白勝，啓梁武求還東魏。	北史 47

			先是，東魏益州刺史傅和（傅敬和）以城降蕭衍，衍資送和，令申意於齊獻武王，求通交好。	魏書 12,70,98
			十二月壬申，魏請通和，詔許之。	梁書 3 南史 7
537	天平四年	大同三年	七月甲辰，魏遣兼散騎常侍李諧、盧元明、李鄴（李業興）聘于梁。 七月癸卯，魏遣使來聘。 梁武帝以蕭撝辭令可觀，令兼中書侍郎，受幣於賓館。 蕭衍遣其主客郎范胥當接。蕭衍親問諧。魏使穆子客與范胥對辯。 梁散騎常侍朱异問業興，蕭衍親問業興。	梁書 3 南史 7,57 魏書 12,65,84 北史 5,29 八代談藪正編‧卷下
			九月，梁散騎常侍張皋（司農張樂皋）、通直散騎常侍劉孝儀（劉潛）、通直散騎常侍崔曉使東魏。 十有二月甲寅，蕭衍遣使朝貢。 兼正員朗邢昕迎於境上。 兼主客郎崔長謙接使。	南史 7 魏書 12,69,85,98 北史 5,43 梁書 41 通鑑 157
538	元象元年	大同四年	二月丙辰，魏遣兼散騎常侍鄭伯猷使于蕭衍。宇文忠之兼通直散騎常侍副鄭伯猷。	魏書 12,56,81 北史 5
			五月甲戌，魏遣使來聘。蕭衍令其領軍將軍臧盾對接。	梁書 3 南史 7
			七月戊辰，散騎常侍劉孝儀等聘於東魏。 十月，崔肇師以中舍人接梁使。	南史 7
			崔子約潛觀梁使劉孝儀，賓從見者駭目。	魏書 12 北齊書 23 北史 5,24
			十二月庚寅，遣陸操使于蕭衍。〔註 15〕	魏書 12,36 北史 5,28,33
			李同軌兼通直散騎常侍，使蕭衍。衍集名僧於其愛敬、同泰二寺，引同軌預席，衍兼遣其臣並共觀聽。	梁書 3
			魏使李同軌、陸操聘梁。梁主北入林光殿，坐皂帳，南面。諸賓及群官俱坐定，遣書舍人殷靈（炅）宣旨慰勞，具有辭答。	酉陽雜俎前集 1,3

〔註 15〕此處時間有疑，《魏書》作十一月，而本年十一月無庚寅。

539	元象二年	大同五年	六月丁酉，梁散騎常侍沈山卿、通直常侍劉研朝貢。元象中，崔肇師數以中舍人接梁使。〔註16〕	魏書 12,98 北史 5 北齊書 23
			八月壬辰，兼散騎常侍王元景（王昕）、兼通直散騎常侍魏收使于蕭衍。王昕風流文辯，魏收辭藻富逸，梁主及其群臣咸加敬異。	魏書 12,104 北齊書 31,37 北史 5,24 梁書 3 南史 7
			十一月乙亥，魏遣使來聘。	
	十一月改號興和		大同五年十二月，梁使兼散騎常侍柳豹聘于東魏。	南史 7
540	興和二年	大同六年	興和二年三月己卯，蕭衍遣散騎常侍柳豹、通直常侍劉景彥朝貢。	魏書 98 北史 5
			五月壬子，遣兼散騎常侍李象使于蕭衍。邢昕以本官（通直常侍）副李象使於梁。 七月丁亥，魏遣使來聘。	魏書 12,72,85 北史 5,43 梁書 3 南史 7
			十月丁未，梁遣散騎常侍陸晏子、通直常侍沈景徽（沈警）朝貢。 魏遣李諧郊勞。	魏書 12,98 北齊書 43 北史 5,29 南史 7 八代談藪正編卷下
			十有二月乙卯，遣兼散騎常侍崔悆（長謙）使於蕭衍。 以封述兼通直郎使梁。	魏書 12,69 北齊書 42,43 北史 5,19
			大同七年三月十二日梁武帝講金字般若波羅蜜三慧經於華林園。凡諸聽眾，自皇太子王侯，宗室外戚，及尚書令何敬容，百辟卿士，虜使主崔長謙、使副陽休之，及外域雜使一千三百六十人。 元貞自建業求隨聘使崔長謙赴鄴葬其父元樹，梁武許之。	廣弘明集 19〈御講金字波若序〉
541	興和三年	大同七年	四月戊申，東魏人來聘，遣兼散騎常侍明少遐報聘。 六月乙丑，梁遣散騎常侍明少遐、通直郎謝藻朝貢。 明少遐昔因通聘，與陽休之同游。	梁書 3 南史 7 魏書 98 北史 5,47

〔註16〕元象年間，蕭梁遣使僅二回，故兼列之。

			八月甲子，遣兼散騎常侍李騫使于蕭衍。崔劼兼通直散騎常侍，使于梁。 十二月壬寅，魏遣使來聘。 魏李騫、崔劼至梁同泰寺，主客王克、舍人賀季友及三僧迎門引接。 梁劉孝儀食，魏使崔劼、李騫在坐。 梁遣黃門侍郎明少遐、秣陵令謝藻、信威長史王纘沖、宣城王文學蕭愷、兼散騎常侍袁狎、兼通直散騎常侍賀文發宴魏使李騫、崔劼。	魏書12北齊書42 北史5,44 梁書3 西陽雜俎前集3,7,12
542	興和四年	大同八年	十二月壬寅，東魏人來聘，遣兼散騎常侍袁狎報聘。 正月丙辰，梁遣散騎常侍袁狎、通直常侍賀文發朝貢。	南史7 魏書12,98 北史5
			夏四月丙寅，遣兼散騎常侍李繪使于蕭衍。梁武帝問李繪。與梁人袁狎等汎言氏族。前後行人，皆通啓求市，繪獨守清尚。	魏書12,98 北齊書29 北史5,33
			十月甲寅，梁遣散騎常侍劉孝勝、通直常侍謝景朝貢。	魏書12,98 北史5 梁書41 南史39
			十有二月辛亥，遣兼散騎常侍陽斐使于蕭衍。兼通直散騎常侍崔子侃為副。梁尚書羊侃，魏之叛人也，與斐有舊，欲請斐至宅，三致書，斐不答。梁主親謂斐，斐終辭焉。	魏書12,69 北齊書23,42 北史5,24,47
543	武定元年	大同九年	六月乙亥，梁遣散騎常侍沈眾、通直常侍殷德卿朝貢。	魏書55,98 北史5
			武定初，於時與蕭衍和通，劉騫前後受敕接對其使十六人。	梁書11 南史57
			八月壬午，遣兼散騎常侍李渾使于蕭衍。梁武謂之曰：「常侍曾經將領，今復充使，文武不墜。」	魏書12 北齊書29 北史5,24,33
			其年冬，梁遣散騎常侍蕭確、通直常侍陸緬朝貢。	魏書98
			邢亢兼通直散騎常侍，使於蕭衍，時年二十八。〔註17〕	魏書65 北史43

〔註17〕後文云：「武定七年（549），坐事死於晉陽，年三十四」，故推知為本年出使，故列於兩次蕭梁遣使間。

544	武定二年	大同十年	三月，蕭衍遣使朝貢。	魏書 12 北史 5
			五月甲午，遣散騎常侍魏季景使于蕭衍。	魏書 12 北史 5
			十一月辛丑，蕭衍遣使朝貢。〔註18〕	同上
			自魏、梁和好，書下紙每云：「想彼境內寧靜，此率土安和。」梁後使，其書乃去「彼」字，自稱猶著「此」，欲示無外之意。魏收定報書云：「想境內清晏，今萬國安和。」梁人復書，依以爲體。	魏書 104 通鑑 159 北齊書 37
545	武定三年	大同十一年	正月丙申，遣兼散騎常侍李獎使于蕭衍。 四月，魏遣使來聘。	魏書 12 北史 5,100 梁書 3 南史 7
			七月庚子，梁遣散騎常侍徐君房、通直常侍庾信朝貢。 祖孝隱爲散騎常侍，迎梁使。盧元景之徒並降階攝職，更遞司賓。 尉瑾之後使梁，追述徐君房「在鄴飲酒」，則聘問期間亦曾相見。	魏書 98 北齊書 39 周書 41 北史 5,47 酉陽雜俎前集 12
			冬十月，遣中書舍人尉瑾使于蕭衍。崔肇師，兼通直散騎常侍，聘梁副使。	魏書 12 北齊書 23 北史 5,20
			主客陸緬對接。梁宴魏使，梁徐君房、庾信和陳昭預席。	酉陽雜俎 11,12,18
			散騎常侍賀琛啓：「今北邊稽服，正是生聚教議之時」。	通鑑 159
546	武定四年	中大通元年	五月壬寅，梁遣散騎常侍蕭瑳、通直常侍賀德瑒朝貢。	魏書 98 北史 5
			七月壬寅，遣兼散騎常侍元廓使于蕭衍。	魏書 12 北史 5
547	武定五年	中大通二年	正月乙丑，梁遣散騎常侍謝蘭、通直常侍鮑至朝貢。朝廷亦遣使報之。 梁謝蘭來聘，李緯勞之。	魏書 98 北齊書 41 北史 5,33 南史 74
			正月，高歡薨，侯景叛東魏，降西魏。二月庚辰，上表梁武帝欲以十三州歸附。上召群臣廷議。尚書僕射謝舉等皆曰：「頃歲與魏通和，邊境無事，今納其叛臣，竊謂非宜。」不納。	

〔註18〕武定二年梁使，《魏書》〈島夷傳〉均未載，梁使姓名亦不詳。

		四月改元太清	四月甲午，遣兼散騎常侍李緯使于蕭衍。通直散騎常侍王松年副李緯使梁。	魏書 12 北齊書 29,35 北史 5,33
			九月，梁接應侯景，出兵徐州。 十一月，梁貞陽侯蕭淵明及胡貴孫、趙伯超等皆爲東魏所虜，失亡士卒數萬人。 十二月，東魏使軍司杜弼作檄移梁朝。 壬申，侯景遣其行台左丞王偉等詣建康，説上曰：「請立元氏一人以從人望」，梁武帝以元貞爲咸陽王，送景，使爲魏主。 蕭淵明至鄴，東魏主升閶闔門受俘，讓而釋之，送於晉陽，大將軍澄待之甚厚。	通鑑 160 北史 19 梁書 3
548	武定六年	太清二年	二月，東魏既得懸瓠、項城，悉復舊境。大將軍高澄數遣書移，復求通好。朝廷未之許。澄謂貞陽侯淵明曰：「致此紛擾，知非梁主本心，當是侯景扇動耳，宜遣使咨論。」淵明乃遣省事夏侯僧辯奉啓於上。上賜淵明書曰：「當別遣行人，重敦鄰睦。」僧辯還，過壽陽，侯景竊訪知之。	通鑑 161
			二月己卯，梁武帝遣使吊高澄。	通鑑 161
			蕭衍復遣使羊珍孫款關乞和，并修弔書於齊文襄王。文襄王欲以威德懷之，許其通而不復其書。	魏書 98
			六月，遣建康令謝挺、通直郎徐陵使北通好。〔註19〕 尹義尙〈與徐僕射書〉「謬忝後車，陪游上國」。〔註20〕 九月乙酉，蕭衍於是遣其散騎常侍謝珽、通直常侍徐陵詣闕朝貢。珽等未及還而侯景舉兵襲衍。 東魏中書侍郎陸昂（卬）于滑台迎勞。 魏收兼主客郎，接謝珽、徐陵。	梁書 38 南史 7,62,80 文苑英華 685 通鑑 161 魏書 12,98,104 北齊書 37 北史 5,43 太平御覽 600 引三國典略

〔註19〕時間各書所載不一，《通鑑》161 載於五月，《梁書》38《南史》，卷 62，卷 80 載於六月，《南史》，卷 7 載於七月。主使姓名，北方諸史書作「謝珽」，然《南史》，卷 7〈梁本紀中〉作「謝班」；卷 62〈朱异傳〉作「謝挺」；卷 80〈侯景傳〉作「伏挺」。當時確有伏挺其人，才名甚高，唯卒於侯景之亂，而徐陵等梁使卻因亂而滯留北方，其事不合，見《梁書》，卷 50〈文學傳下〉，頁 184～185。

〔註20〕後文云：「逮乎百六之年，仍離再三之酷」，則「陪游」應在侯景之亂前。

			李庶常攝賓司，接對梁客，梁客徐陵深歎美焉。 裴讓之〈公館讌酬南使徐陵〉	北齊詩 1
			侯景鎮壽春，累啓絕和，及請追使。又致書與朱异，辭意甚切，异但述敕旨以報之。八月，戊戌，侯景舉兵反。	梁書 3,38
			十月壬子，侯景列兵繞台城。十一月，景又奉啓於東魏主：「去月二十九日，屆此建康。江海未蘇，干戈暫止，永言故鄉，人馬同戀。尋當整轡，以奉聖顏」。	通鑑 161
549	武定七年	太清三年	三月丁卯，侯景攻陷宮城。	梁書 3,4
			四月，青冀二州刺史明少遐、東徐州刺史湛海珍、北青州刺史王奉伯各舉州附于魏。	
			五月丙辰，梁高祖崩于淨居殿。	
			辛巳，簡文帝即皇帝位。	
			梁定襄侯蕭祗聞臺城失守，遂來奔。以武定七年至鄴，文襄令魏收、邢卲與相接對。湘潭侯蕭退，位青州刺史。建鄴陷，與從兄祗俱入東魏。蕭放，字希逸，隨父祗至鄴。	北齊書 33 通鑑 161
			七月，會東魏大將軍澄遣西兗州刺史李伯穆逼合肥，又使魏收為書諭鄱陽王蕭範。範方謀討侯景，藉東魏為援，乃帥戰士二萬出東關，以合州輸伯穆，並遣咨議劉靈議送二子勤、廣為質於東魏以乞師。勤、廣至鄴，東魏人竟不為出師。	通鑑 161
			八月，東魏高澄被梁俘虜蘭京等所殺。高洋掌權。	通鑑 161
			十一月，百濟遣使貢梁，見城闕荒圮，異於向來，哭於端門。侯景怒，錄送莊嚴寺，不聽出。	
	西魏大統十五年		岳陽王蕭詧遣其妻王氏及世子㢪為質以請救。 蕭詧遣蔡大寶求附庸于西魏。	北史 93 周書 35,48 通鑑 162
			十一月，西魏宇文泰令丞相東閣祭酒榮權使蕭詧。	周書 35,48
			十二月，東魏使金門公潘樂等將兵五萬襲司州。東魏盡有淮南之地。	通鑑 162

六、北齊－西魏－蕭梁交聘表

西元	西 魏	蕭 梁	外 交 概 況	出 處
550	西魏大統十六年 東魏武定八年	梁簡文帝大寶元年	楊忠大敗柳仲禮，於是漢東之地盡入於西魏。	通鑑163
			祖皓襲廣陵，據城，馳檄遠近，推前太子舍人蕭勉爲刺史，仍結東魏爲援。	通鑑163
		太清四年〔註21〕	正月，湘東王蕭繹使少子方暑質于西魏，魏不受質而結爲兄弟。	南史8
			二月，西魏楊忠欲進逼江陵，湘東王繹遣舍人庾恪說忠，忠遂停湋北。蕭繹遣舍人王孝祀等送子方略爲質以求和，西魏人許之。繹與楊忠盟曰：「魏以石城爲封，梁以安陸爲界，請同附庸，並送質子，貿遷有無，永敦鄰睦。」	通鑑163 周書19
			三月，梁雍州刺史、岳陽王詧與其叔父荊州刺史、湘東王繹不睦，乃稱蕃來附，遣其世子嶚爲質。	周書2
			及楊忠擒仲禮，蕭繹懼，復遣其子方平來朝。	同上
			梁元帝承制，以王固爲相國戶曹屬，掌管記。尋聘于西魏。〔註22〕	陳書21 南史23
	北齊天保元年		五月，北齊文宣帝代東魏，改元天保。	
			會齊受魏禪，梁元帝承制於江陵，復通使於齊。徐陵累求復命，終拘留不遣，陵乃致書於僕射楊遵彦。	陳書26
			六月，西魏朝議欲令蕭詧發喪嗣位，詧以未有璽命，辭不敢當。榮權時在察所，乃馳還，具言其狀。丞相宇文泰遂令假散騎常侍鄭穆（鄭孝穆）及榮權持節策命詧爲梁王。	周書35,48 通鑑163

〔註21〕《通鑑》，卷163〈梁紀十九·簡文帝大寶元年〉：載「（蕭）繹以爲天子制於賊臣，不肯從『大寶之號』，猶稱『太清四年』」，之後蕭棟與蕭紀的「天正」，蕭繹亦不奉行。在侯景的「太始」與梁元帝「承聖」年號之間，蕭梁年號有十六個月的空窗期，爲求明確，此處表格兼用蕭繹所採之太清年號。

〔註22〕按《梁書》，卷5〈元帝紀〉，蕭繹在太清三年（549）四月承制，而目前諸史所見，蕭繹與西魏通使，最早在次年（大寶元年）正月，且二月、三月亦有遣使紀錄。三次遣使是否有同一次而記載誤差？是否包括王固出使？目前限於資料，皆無法進一步詳考，姑且就近排列。

			七月辛酉，梁王詧入朝於魏。〔註23〕 九月，王詧還襄陽。	通鑑163 周書48
			九月，邵陵王蕭綸遣使請降於齊，齊以綸爲梁王。時湘東王繹亦與齊連和，故齊人觀望，不助綸。	通鑑163
			十一月，甲寅，梁湘東王蕭繹遣使朝貢。	北齊書4 北史7
551	齊天保二年 西魏文帝大統十七年 齊天保二年	大寶二年 太清五年	正月丁未，梁湘東王蕭繹遣使朝貢。	同上
			梁元帝逼其兄邵陵王綸。綸北度，謀送質於齊。梁元帝密報周太祖（宇文泰），太祖乃遣楊忠督眾討之。二月乙亥，擒蕭綸，數其罪而殺之；并獲其安樂侯昉，亦殺之。	周書19 通鑑164
			二月己亥，齊（魏）遣散騎常侍曹文皎使於江陵。	梁書5 通鑑164
			湘東王繹使兼散騎常侍王子敏報之。	同上
			三月己未，詔梁承制湘東王繹爲梁使持節、假黃鉞、相國，建梁臺，總百揆，承制。	北齊書4 北史7 通鑑164
			西魏文帝崩。	
		改元天正	夏四月壬辰，梁王蕭繹遣使朝貢。	同上
			五月，侯景廢梁簡文，立蕭棟。	
	西魏大統十七年	太清五年	十月，侯景之逼江陵也，湘東王繹求援於魏，命梁、秦二州刺史宜豐侯循以南鄭與魏。循以無故輸城，非忠臣之節，報曰：「請待改命。」循遣記室參軍沛人劉璠求援於武陵王紀。	通鑑164
			十月，庚申，蕭繹遣使朝貢。	北齊書4 北史7
		改元太始	十一月，侯景廢梁主，僭即僞位於建鄴，自稱曰漢。	
552	北齊天保三年	太清六年	三月癸巳，詔進梁王蕭繹爲梁主。	北齊書4
			四月，王僧辯截侯景手，使謝葳蕤送於齊。	通鑑164

		梁益州刺史、太尉武陵王蕭紀，頗有武略，在蜀十七年。四月乙巳，即皇帝位，改元天正。		
		五月，齊主使其散騎常侍曹文皎等來聘。	通鑑 164	
		湘東王使散騎常侍柳暉等報之，且告平侯景。	通鑑 164	
西魏廢帝元年 北齊天保三年		十一月，梁湘東王蕭繹討侯景，禽之。遣其舍人魏彥來告。〔註24〕	北史 5 通鑑 164	
		齊主使潘樂、郭元建將兵圍秦郡，行台尚書辛術諫曰：「朝廷與湘東王信使不絕。陽平，侯景之土，取之可也；今王僧辯已遣嚴超達守秦郡，於義何得復爭之？」弗從。齊師敗，梁軍猶以通好，不窮追也。	通鑑 164	
		時梁元帝平侯景，復與齊通好，文宣欲放蕭祗等還南。俄而西魏剋江陵，遂留鄴都，卒。	北齊書 33	
		六月，齊遣散騎常侍謝季卿來賀平侯景。〔註25〕	梁書 5 通鑑 164	
		齊政煩賦重，江北之民不樂屬齊，其豪傑數請兵於王僧辯，僧辯以與齊通好，皆不許。秋，七月，廣陵僑人朱盛等潛聚黨數千人，謀襲殺齊刺史溫仲邕，遣使求援於陳霸先。齊主使告王僧辯、陳霸先曰：「請釋廣陵之圍，必歸廣陵、歷陽兩城。」霸先引兵還京口，江北之民從霸先濟江者萬餘口。〔註26〕	陳書 1 通鑑 164	
		八月，兼通直散騎常侍、聘魏使徐陵於鄴奉表：「去月二十日間散騎常侍柳暉等至鄴」。〔註27〕	梁書 5	

〔註24〕《通鑑》與使柳暉告北齊之事同記於五月。

〔註25〕《梁書》記於五月，而不著使節姓名，且於北齊仍誤沿稱爲「魏」。

〔註26〕割廣陵一事，《陳書》云：「七月，廣陵僑民朱盛、張象潛結兵襲齊刺史溫仲邕，遣使來告，高祖率眾濟江以應之。會齊人來聘，求割廣陵之地，王僧辯許焉，仍報高祖，高祖於是引軍還南徐州，江北人隨軍而南者萬餘口」，然按《通鑑》所記，北齊所告之對象是領軍在外的王僧辯與陳霸先，所派遣者，可能是軍務使節，而非正式聘問，亦未必與五、六月遣謝季卿賀平侯景爲一事。

〔註27〕柳暉於本年五月使北齊，僅見於《通鑑》，可能徐陵六月撰表，八月才送達江陵，亦可能時間記載有誤差。

			十月乙未，前梁州刺史蕭循自西魏至于江陵。	梁書5
			宜豐侯蕭循請還江陵，宇文泰厚禮遣之。循以文武千家自隨，湘東王疑之，遣使覘察，相望於道。	通鑑164
		梁元帝承聖元年	承聖元年冬十一月丙子，世祖即皇帝位於江陵。	梁書5
			十一月辛巳，梁王蕭繹即帝位於江陵，是爲元帝，遣使朝貢。	北齊書4 北史7
553	西魏廢帝二年	承聖二年	二月，武陵王蕭紀，在蜀稱帝，率眾東下，將攻之。梁元帝大懼，乃移書請救，又請伐蜀。太祖曰：「取蜀制梁，在茲一舉。」	周書21 北史62 通鑑165
			八月，蕭繹平蕭紀，以建康凋殘，定都江陵。西魏取成都。	通鑑165
	齊天保四年		九月，齊主使郭元建治水軍二萬餘人於合肥，將襲建康，納湘潭侯蕭退。閏十月，南豫州刺史侯瑱與郭元建戰於東關，齊師大敗，溺死者萬計。湘潭侯退復歸於鄴。	通鑑165
	西魏廢帝二年		十一月丙寅，上使侍中王琛使於魏。太師泰陰有圖江陵之志，梁王誓聞之，益重其貢獻。	通鑑165
	齊天保四年		閏十一月壬寅，梁帝遣使來聘。	北齊書4 北史7
554	西魏恭帝元年	梁元帝承聖三年	宇文泰廢魏主，立其弟齊王廓。去年號，稱元年，復姓拓跋氏。	通鑑165
	齊天保五年		三月己酉，魏侍中宇文仁恕來聘。會齊使者亦至江陵，帝接仁恕不及齊使，仁恕歸，以告太師泰。	通鑑165 南史8
	西魏恭帝元年		魏荊州刺史長孫儉屢陳攻取之策，宇文泰征儉入朝，問以經略。義陽郡守馬伯符密使告帝，梁元帝弗之信。	通鑑165
			四月丙寅，上使散騎常侍庾信等聘於魏。	通鑑165
			七月，梁元帝遣使請據舊圖以定疆界，又連結於齊，言辭悖慢。	周書2,41 北史9,82
			十月，癸亥，武寧太守宗均告魏兵且至，帝召公卿議之。領軍胡僧祐、太府卿黃羅	通鑑165

			漢曰：「二國通好，未有嫌隙，必應不爾。」侍中王琛曰：「臣揣宇文容色，必無此理。」乃復使琛使魏。丙寅，于謹至樊、鄧，梁王詧帥眾會之。丁卯，內外戒嚴。王琛至石梵，未見魏軍，馳書報黃羅漢曰：「吾至石梵，境上帖然，前言皆兒戲耳。」	
			梁元帝為魏軍所逼，遣柳裘請和於魏。	隋書 38 北史 74
			十一月甲寅，梁元帝與太子等退保金城。及于謹軍至，元帝乃令大封充使請和，大圜副焉，其實質也。	周書 42 北史 29 通鑑 165
			十二月辛未，梁元帝為魏人所殺。王僧辯、陳霸先等共奉江州刺史晉安王方智為太宰，承制。	通鑑 165
			魏立梁王詧為梁主，資以荊州之地，延袤三百里，仍取其雍州之地。詧居江陵東城，魏置防主，將兵居西城，名曰助防，外示助詧備禦，內實防之。以前儀同三司王悅留鎮江陵。于謹收府庫珍寶及宋渾天儀、梁銅晷表、大玉徑四尺及諸法物；盡俘王公以下及選百姓男女數萬口為奴婢，分賞三軍，驅歸長安，小弱者皆殺之。得免者三百餘家，而人馬所踐及凍死者什二三。王褒、王克、劉穀、宗懍、殷不害及尚書右丞吳興沈炯至長安，太師泰厚禮之。王頒，少有志節，恒隨梁元帝。及荊州覆滅，入于魏。	南史 63
555	西魏恭帝二年 北齊天保六年	梁中宗蕭詧大定元年	正月，梁王詧即皇帝位於江陵，改元大定，賞刑制度並同王者，唯上疏於魏則稱臣，奉其正朔。	通鑑 166
			正月辛丑，齊立貞陽侯淵明為梁主，使其上黨王渙將兵送之，徐陵、湛海珍等皆聽從淵明歸。	通鑑 166 北齊書 33
		梁敬帝紹泰元年	二月，癸丑，晉安王至自尋陽，入居朝堂，即梁王位。	
			齊主先使殿中尚書邢子才馳傳詣建康，與王僧辯書。	通鑑 166 南史 63
			貞陽侯蕭淵明亦頻與僧辯書，論還國繼統之事。王僧辯遂謀納貞陽，仍書定君臣之禮。因遣第七子顯、顯所生劉，并弟子珍往充質，遣左戶尚書周弘正至歷陽迎淵明。	梁書 45 北齊書 4,33 南史 63 通鑑 166

		王僧辯又遣吏部尙書王通送啓，因求以敬帝爲皇太子。淵明報書許之。 員外常侍姜㬿，奉敕伏具動止。	梁書 45	
		請押別使曹沖馳表齊都，續啓事以聞。 王僧辯遣使送質于鄴。	梁書 45	
西魏恭帝 二年		三月，魏太師泰遣王克、沈炯等還江南。 泰得庾季才，厚遇之，令參掌太史。	通鑑 166	
北齊天保 六年	蕭淵明天 成元年	五月，蕭（淵）明入于建鄴。	北齊書 33	
		淵明求度衛士三千，僧辯慮其爲變，止受散卒千人。庚子，遣龍舟法駕迎之。淵明與齊上黨王渙盟於江北，辛丑，自採石濟江。於是梁輿南渡，齊師北返。僧辯疑齊，擁楫中流，不敢就西岸。齊侍中裴英起衛送淵明，與僧辯會於江寧。癸卯，淵明入建康。丙午，即皇帝位。	南史 63 通鑑	
		齊慕容儼始入郢州，而侯瑱等奄至城下，儼堅守半歲。六月，貞陽侯淵明立，乃命瑱等解圍。齊人以城在江外難守，因割以還梁。	通鑑 166	
		壬子，齊主以梁國稱藩，詔凡梁民悉遣南還。		
	梁敬帝紹 泰元年	六月戊寅，梁主蕭淵明遣其子章、兼侍中袁泌、兼散騎常侍楊裕奉表朝貢。	北齊書 4 陳 書18南史26	
		九月丙午，梁司空陳霸先殺王僧辯，廢蕭淵明，復奉方智爲帝。	梁書 6	
		告齊云：「僧辯陰圖篡逆，故誅之。」仍請稱臣於齊，永爲藩國。齊遣行台司馬恭與梁人盟於歷陽。	通鑑 166	
		主上又遣吏部尙書王通、鴻臚卿謝岐等至和州，與司馬行臺共爲盟誓。（徐陵〈武皇帝作相時與北齊廣陵城主書〉）	文苑英華 682	
		齊將柳達摩等襲京師，陳霸先恐，遂還與齊人連和。	梁書 46 陳書 14	
		十二月，庚申，齊淮州刺史柳達摩遣使請和於陳霸先，且求質子。乃以陳曇朗及永嘉王蕭莊、丹楊尹王沖之子珉爲質，與齊人盟於城外，將士咨其南北。辛酉，霸先陳兵石頭南門，送齊人歸北，徐嗣徽、任約皆奔齊。	通鑑 166	

556	齊文宣帝天保七年	梁敬帝紹泰二年	正月癸未，陳霸先使從事中郎江旰說徐嗣徽使南歸，嗣徽執旰送齊。	通鑑 166
			二月，齊人來聘，使侍中王廓報聘。 紹泰二年，徐陵又使于齊。	南史 8 陳書 62 南史 62
			三月戊戌，齊遣儀同三司蕭軌等與任約、徐嗣徽合兵十萬入寇。五月，齊人召建安公蕭淵明，詐許退師，陳霸先具舟送之。癸未，淵明疽發背卒。	通鑑 166
			六月，齊師大潰，庚申，斬齊將蕭軌等，齊人聞之，亦殺陳曇朗。	
		王琳	乙丑，王琳遣使奉表詣齊，並獻馴象。江陵之陷也，琳妻蔡氏、世子毅皆沒於魏，琳又獻款於魏以求妻子；亦稱臣於梁。	北齊書 4 通鑑 166
	西魏恭帝三年		七月，魏太師泰遣安州長史鉗耳康買使於王琳。	
			琳遣長史席豁報之，且請歸世祖及愍懷太子之柩；泰許之。八月，魏以王琳為大將軍、長沙郡公。	
		九月，梁改元太平	十月西魏泰宇文泰逝，弟護掌權。	
	齊文宣帝天保七年		十一月，辛丑，豐城侯蕭泰奔齊（敗於王琳），齊以為永州刺史。	通鑑 166
			十二月庚子，以魏恭帝詔禪位於周。	通鑑 166

七、齊－周－陳交聘表

557	齊文宣帝天保八年	梁敬帝太平二年	二月，庚午，蕭勃起兵於廣州（反陳霸先／梁敬帝），三月敗亡。	通鑑 167
			三月，甲辰，以司空王琳為湘、郢二州刺史。王琳既不就徵，陳霸先派侯安都等攻之。	
			梁領軍將軍徐度出東關侵齊。	南史 8
			四月己卯，齊遣使請和。	通鑑 167
	周閔帝元年	王琳	八月，丁卯，周人歸梁世祖之柩及諸將家屬千餘人於王琳。	通鑑 167
			十月，辛未（6），梁敬帝禪位於陳。	通鑑 167
	齊天保八年	陳武帝永定元年	十月乙亥，陳霸先弒其主蕭方智自立，是為陳武帝，遣使稱藩朝貢。	北齊書 4

			袁憲兼散騎常侍，使於齊，以黃門郎王瑜爲副，齊以王琳之故，執而囚之。天嘉二年還朝。	陳書 23,24 南史 21,26
	？	？	天保中，魏愷爲聘陳使副。〔註28〕	北齊書 23
			十一月，「去月乙亥，升禮大壇……今遣侍中、都官尙書周弘正銜使長安」（徐陵〈爲陳武帝與周宰相書〉）庾信〈徐報使來止一相見詩〉〔註29〕	文苑英華 667 北周詩 4
558	齊天保九年 周明帝二年	王琳	正月己亥，王琳遣記室宗虩求援於齊，且請納梁永嘉王莊以主梁祀。	通鑑 167
			齊北豫州刺史司馬消難，以齊主昏虐滋甚，密令所親中兵參軍裴藻托以私假，間行入關，請降於周。	通鑑 167
	天保九年	梁永嘉王 天啓元年	三月，及敬帝立，王琳出質于齊，請納莊爲梁主。齊文宣遣兵援送，仍遣兼中書令李騊駼冊拜琳爲梁丞相、都督中外諸軍、錄尙書事。又遣中書舍人辛愨、游詮之等齎璽書江表宣勞。琳乃遣兄子叔寶率所部十州刺史子弟赴鄴，奉莊纂梁祚於郢州。莊授琳侍中、使持節、大將軍、中書監，改封安成郡公，其餘並依齊朝前命。 王昕奉敕送蕭莊於梁爲主。 十一月丁巳，梁湘州刺史王琳遣使請立蕭莊爲梁主，仍以江州內屬，令莊居之。	南史 64 通鑑 167
			十二月癸酉，詔梁王蕭莊爲梁主，進居九派。	北齊書 4,31

〔註28〕陳朝初立，武帝遣江德藻與劉師之出使北齊，遭到扣留。按理，雙方在北齊放還兩人之前，不應再有互使，事實上，在其餘史書卷帙中，齊文宣帝一朝也沒有其他遣使陳朝的紀錄。再者，南北朝文獻中標記國號，難免誤差，如〔北魏〕高州都〈魏故員外郎散騎常侍西陽男高（廣）府君墓誌〉指劉宋爲蕭齊；《梁書》，卷 5〈元帝紀〉將「（北）齊」書爲「（東）魏」等，所以，不排除魏愷在梁末陳霸先主政時（北齊亦屬天保年間）出使的可能。姑置於此。

〔註29〕關於陳朝此次遣使，徐姓使節究竟是徐陵？或其子？〔清〕倪璠《庾子山集注》在此詩題下注曰：「徐陵也」，其說頗爲後人所承，然庾信之詩固未言明，徐陵作〈爲陳武帝與周宰相書〉，亦不能證明他出使北周，因爲梁敬帝紹泰元年，徐陵亦有〈武皇帝作相時與北齊廣陵城主書〉，卻沒有他出使北齊廣陵的紀錄。吉定〈庾信詩中「徐報」小考〉（《文學遺產》，北京中國社會科學院文學研究所，1995 年第 05 期，頁 114），認爲是其子徐儉（《南史》，卷 62〈徐摛附孫儉傳〉云：「一名報」），劉躍進：《玉臺新咏研究》（北京：中華書局，2000 年）亦持此說，然並無定論。

	梁永嘉王天啓元年	陳武帝永定二年	甲辰，陳武帝遣吏部尙書謝哲往論王琳。	通鑑 167
559	天保十年	梁永嘉王天啓元年	三月，梁主蕭莊至郢州，遣使朝貢。蕭莊在淮南，以朱才兼散騎常侍，副袁奭入朝。	北齊書 4,45 北史 7
			六月丙午，陳武帝殂，兄子蒨立，是爲文帝。	陳書 2-3
			九月，使酈懷則、陸仁惠使於蕭莊。	北齊書 4
			十月甲午，齊文宣帝暴崩。太子（廢帝高殷）即帝位於晉陽宣德殿。	北齊書 4-5
			王琳聞齊高祖殂，乃以少府卿吳郡孫瑒爲郢州刺史，總留任，奉梁永嘉王莊出屯濡須口，齊揚州道行台慕容儼帥眾臨江，爲之聲援。	北齊書 5
560	北齊廢帝乾明元年	梁永嘉王天啓元年	乾明年，劉逖兼員外散騎常侍，使於梁主蕭莊。	北齊書 45 北史 30
			周人聞王琳東下，乘虛襲郢州。齊儀同三司劉伯球將兵萬餘人助琳水戰。琳軍大敗，乃與妻妾左右十餘人奔齊。先是，琳使侍中袁泌、御史中丞劉仲威侍衛永嘉王莊；及敗，左右皆散。泌以輕舟送莊達於齊境，拜辭而還，遂降陳；仲威奉莊奔齊。	北齊書 5 通鑑 168
560	北周明帝武成元年	陳文帝天嘉元年	江陵之陷也，長城世子陳昌及中書侍郎頊皆沒於長安。高祖即位，屢請之於周，周人許而不遣。高祖殂，周人乃遣昌還。三月甲戌，衡陽獻王昌入境。丙子，濟江，中流，隕之。	陳書 3,29 南史 68 周書 39 通鑑 168
			毛喜與昌俱還，因進和親之策。上乃使侍中周弘正通好於周。	
			天嘉元年，周弘正遷侍中、國子祭酒，往長安迎陳頊。	南史 34
	齊孝昭帝皇建元年		八月，壬午，廢齊主爲濟南王，出居別宮，以常山王演入纂大統。	
561	北周武帝保定元年	陳天嘉二年	六月，乙酉（11），周主使御正殷不害來聘。	通鑑 168
			周人許歸安成王陳頊，使司會上士京兆杜杲來聘。〔註30〕	

〔註30〕 《通鑑》記於本年十一月，陳文帝遣使報聘之前，然十一月應爲陳朝遣使日，

	齊孝昭帝皇建二年		六月己亥（25），齊人通好。	陳書 14
	北周武帝保定元年		十一月，周人許歸安成王陳頊。陳文帝大悅，即遣使報聘，并賂黔中數州之地。仍請畫野分疆，永敦鄰好。 十一月乙巳，陳遣使來聘。	通鑑 168 周書 5,39 北史 10
	齊武成帝太寧二年		十一月癸丑，齊武成帝即位。 天嘉二年，齊人結好。遣兼郎中令隨聘使江德藻、劉師知迎曇朗喪柩，以三年春至都。	陳書 14 南史 65
562	北周武帝保定二年	天嘉三年	正月丁未，周以安成王陳頊爲柱國大將軍，遣杜杲送之南歸。 三月丙子，安成王頊至自周。 陳文帝謂杲……自是接遇有加常禮。及杲還，命引升殿，親降御座，執手以別。	周書 5,39 北史 70 陳書 5 南史 9,34 通鑑 168
	？	？	陳氏請敦鄰好，周詔崔彥穆使焉。[註31]	周書 36 北史 67
	齊武成帝太寧二年		齊揚州刺史行台王琳數欲南侵，尚書盧潛以爲時事未可。陳文帝遣移書壽陽，欲與齊和親。潛以其書奏齊朝，齊主許之。	通鑑 168
	北周武帝保定二年		二月乙卯，詔散騎常侍崔瞻聘于陳。 四月乙巳，齊遣使來聘，且歸南康愍王曇朗之喪。	周書 7 北史 23 陳書 3 南史 9 通鑑 168

未必爲杜杲出使時。蔡宗憲認爲杜杲次年正月又送陳頊返陳，僅隔兩個月又出使，可能性不高，而定爲六月與殷不害同使，從之。

[註31] 《周書》，卷36〈崔彥穆傳〉後文云：「天和三年（568），復爲使主，聘於齊」，故崔彥穆使陳，學者或置於天和二年（567），其目的爲華皎叛陳附周而談和。然北周遣陳使節記載疏略，雙方戰、和交替，所謂「請敦鄰好」，亦可指陳文帝天嘉二年「請畫野分疆，永敦鄰好」。何況，華皎事件的議和並不在天和二年，《周書》，卷39〈杜杲傳〉云：「華皎來附，……與陳人交戰，……自是連兵不息，武帝授杲御正中大夫，使陳」，則雙方交戰時間不短，而且，按後文所記述，杜杲出使應在陳宣帝時，非陳廢帝年間，《通鑑》，卷170亦云「自華皎之亂，與周人絕，至是（陳宣帝太建元年，569）周遣御正大夫杜杲來聘，請復修舊好。上許之，遣使如周」。事實上，自華皎叛陳後，至陳宣帝太建元年之前，周、陳雙方亦無遣使紀錄。所以，崔彥穆更可能出使於此一時期，而非華皎事件後。

			陳瑣妃柳氏及子叔寶猶在穰城，上復遣毛喜如周請之，周人皆歸之。	陳書 29 南史 68 通鑑 168
	齊武成帝 太寧二年		七月癸亥，陳文帝遣使聘齊。	北齊書 7 北史 8 通鑑 168
	北周武帝 保定二年		九月，陳遣使聘周。	周書 5 北史 10
	齊武成帝 太寧二年		十一月丁丑，齊遣兼散騎常侍封孝琰聘陳。	北齊書 7,21 北史 8,24 通鑑 168
563	齊武成帝 河清二年	陳文帝 天嘉四年	天嘉四年，江德藻兼散騎常侍，與中書郎劉師知使齊。 四月戊午，陳人來聘。	陳書 14,34 南史 60 北齊書 7 北史 8
			五月，乙卯，齊主使兼散騎常侍崔子武來聘。	北齊書 7 北史 8
	北周武帝 保定三年		七月庚午，陳遣使聘周。	周書 5 北史 10
			十月庚戌，陳遣使聘周。	同上
	齊武成帝 河清二年		十二月癸巳，陳人聘齊。	北齊書 7 北史 8
564	齊武成帝 河清三年	陳文帝 天嘉五年	四月辛卯，詔兼散騎常侍皇甫亮使於陳。	北齊書 7 北史 8,38 通鑑 169
	北周武帝 保定四年		四月庚子，周主遣使聘陳。	陳書 3
			五月，周、齊並遣使來聘。	陳書 3
	齊	周	北周晉公宇文護遣間使入齊求母閻氏及周主之姑之，莫知音息。齊遣使者至玉壁，求通互市。護欲訪求母、姑，使司馬下大夫尹公正至玉壁，與之言，使者甚悅。勳州刺史韋孝寬獲關東人，復縱之，因致書爲言西朝欲通好之意。七月，周人謀與突厥再伐齊。齊主聞之，大懼，許遣護母西歸，且求通好。	通鑑 169
	北周武帝 保定四年	陳文帝 天嘉五年	天嘉五年，蕭允兼侍中，聘于周。 九月丁巳，陳遣使來聘。	陳書 21 周書 5 北史 10

			十一月戊戌，齊詔兼散騎常侍劉逖使於陳。逖求盧士游以爲副。	北齊書 7,45
	齊武成帝河清三年		十二月癸未，齊遣使來聘。	北史 8,42 通鑑 169 陳書 3 南史 9
565	齊武成帝河清四年 齊後主天統元年	陳文帝天嘉六年	四月乙亥，陳人來聘。	北齊書 7 北史 8
			四月丙子，齊武成帝傳位於皇太子，於是群公上尊號爲太上皇帝。	北齊書 7
			五月，突厥遣使至齊，始與齊通。	通鑑
			六月己巳，太上皇帝詔兼散騎常侍王季高（王晧）使於陳。	北齊書 8 北史 8,24
	北周武帝保定五年 齊後主天統元年		六月辛酉，周遣使聘陳。	陳書 3 南史 9
			十月辛亥，齊遣使聘陳。	同上
	北周武帝保定五年		十一月丁未，陳遣使聘周。	周書 5 北史 10
566	周武帝天和元年 齊後主天統二年	陳文帝天嘉七年	正月丁未，周遣小載師杜杲使於陳。	周書 5 北史 10,70
			二月壬子，陳人來聘。	北齊書 8 北史 8
		陳廢帝天康元年	四月癸酉，陳文帝崩，太子即皇帝位。	陳書 4-5
			六月，齊太上皇帝詔兼散騎常侍韋道儒聘於陳。	北齊書 8 北史 8
	周武帝天和元年 齊後主天統二年		十一月乙亥，周遣使弔陳文帝。	陳書 4 南史 9
			十二月乙亥，陳人聘齊。	北齊書 8 北史 8
			陳昭爲陳使主，兼散騎常侍，至齊。尉瑾時兼右僕射。〔註32〕 陳昭〈聘齊經孟嘗君墓〉。	北史 8,20 文苑英華 306

〔註32〕史書並未明載陳昭出使時間，僅能以《北史》來大致推算：卷20〈尉古眞附從玄孫瑾傳〉記載尉瑾使梁（545），陳昭爲他看相，説尉瑾二十年後當爲宰相，後來果然如其言。又陳昭使齊，尉瑾「時兼右僕射」，而卷8〈齊本紀下·後主〉載：天統二年正月，「丙申，以吏部尚書尉瑾爲尚書右僕射」，二月，「壬子，陳人來聘」，「十二月乙丑，陳人來聘」，次年則無遣使紀錄，所以，陳昭應於此年來聘，但陳朝於二月和十二月皆遣使北齊，並不確定陳昭爲哪次。

567	齊後主天統三年 周武帝天和二年	陳廢帝光大元年 梁王蕭巋	四月，癸丑，齊太上皇帝詔兼散騎常侍司馬幼之聘陳。	通鑑170
			四月，陳湘州刺史華皎遣使長安，潛引周兵，又自歸於梁。梁王蕭巋上書北周，聯軍攻陳。司會崔猷曰：「今陳氏保境息民，共敦鄰好，豈可利其土地，納其叛臣，違盟約之信，興無名之師乎！」晉公宇文護不從。九月，周、梁敗於陳。周衛公直歸罪於梁柱國殷亮。梁主知非其罪，然不敢違，遂誅之。周與陳既交惡，周沔州刺史裴寬白襄州總管，請益戍兵。	通鑑170
		？	齊天統（565～569）中，〔註33〕李德林兼中書侍郎，於賓館受國書。陳使江總目送之。	隋書42
			房彥詢少時為監館，嘗接陳使江總。	北史39
		？	光大（567～568）年間，〔註34〕陸瓊兼通直散騎常侍，聘齊。	陳書30 南史48
568	齊後主天統三年	陳廢帝光大二年	正月癸亥，太上皇帝詔兼散騎常侍鄭大護使於陳。	北齊書8 北史8
			三月，陳吳明徹乘勝進攻江陵，梁主出頓紀南以避之。周總管田弘從梁主，副總管高琳與梁僕射王操守江陵三城，晝夜拒戰十旬。梁將馬武、吉徹擊明徹，敗之。明徹退保公安，梁主乃得還。	通鑑170
		周武帝天和三年	八月乙丑，齊遣侍中斛斯文略、中書侍郎劉逖來聘。初修鄰好，盛選行人。詔軍司馬陸逞為使主，兵部尹公正為副以報之。	周書5,32 北史10
			九月丙申，周人來通和，太上皇帝詔侍中斛斯文略報聘于周。	北齊書8,45 北史8
		陳廢帝光大二年	十一月壬辰（1），太上皇帝詔兼散騎常侍李耀使於陳。李孝貞兼通直散騎常侍，副李耀使陳。	北齊書8,43 北史8,28,33
		周武帝天和三年	十一月壬子（21），遣開府崔彥穆、小賓部元暉使於齊。 薛道衡兼散騎常侍，接對周、陳二使。	周書5 隋書46,57 北史10,36

〔註33〕既云：「天統中」，則江總不太可能在天統五年聘周，可能早於陸瓊。
〔註34〕《陳書》，卷30〈陸瓊傳〉「及高宗為司徒，妙簡僚佐，……乃除司徒左西掾。尋兼通直散騎常侍，聘齊」；卷5〈宣帝紀〉：「廢帝即位，拜司徒」。

		十一月甲寅，慈訓太后令廢帝爲臨海王，以高宗（宣帝陳頊）入纂。	陳書5	
		十二月辛未，北齊太上皇帝崩。	北齊書8	
569	齊後主天統三年	周武帝天和四年	正月，齊武成薨，周遣司會、河陽公李綸等會葬於齊，仍弔賵焉。 四年，（蘇孝慈）授都督，充使聘齊。	周書5,15 北史60 全冊府元龜654 隋蘇孝慈墓誌銘拓本
			二月己丑，齊詔侍中叱列長叉聘於周。	北齊書8 北史8
			四月己巳，齊遣使聘周。	周書5 北史10
		陳宣帝太建元年	五月甲午，齊遣使聘陳。	陳書5 南史10
	周武帝天和四年		自華皎之亂（567.5），與周人絕，至是周遣御正大夫杜杲來聘，請復修舊好。上許之，遣使如周。 陳宣帝遣其黃門侍郎徐陵謂杲……杲因陳和通之便，陵具以聞。陳宣許之，遂遣使來聘。	通鑑170 周書39 北史70
	齊後主天統三年		太建初，姚察兼通直散騎常侍，報聘于周。沛國劉臻竊於公館訪《漢書》疑事十餘條。〔註35〕	陳書27
570	齊後主武平元年	陳宣帝太建二年	正月戊申，齊使兼散騎常侍裴讞之聘於陳。	北齊書8 北史8
		周武帝天和五年	二月己巳，周邵惠公顥孫胄自齊來歸。	周書5,10
		陳太建二年	五月壬午，齊遣使來弔武宣皇后。	陳書5 南史10
		周武帝天和五年	冬，齊將斛律明月寇邊，於汾北築城，自華谷至於龍門。	周書5,29
571	齊後主武平二年	周武帝天和六年	正月，詔柱國、齊國公憲率師禦斛律明月。先是，國家與齊通好，約言各保境息民，不相侵擾。至是，憲以齊人失信，令劉雄使於明月，責其背約。	

	陳宣帝太建三年	正月丁巳，齊詔兼散騎常侍劉環儁聘陳。	北齊書 8 北史 8	
		四月甲午，陳遣使連和，謀伐周，朝議弗許。	北齊書 8 隋書 57 北史 36	
		武平初，詔薛道衡與諸儒修定五禮，除尚書左外兵郎。陳使傅縡聘齊，〔註 36〕以道衡兼主客郎接對之。		
		會陳使傅縡來聘，令郎茂接對之。		
		四月壬辰，齊遣使聘陳。	陳書 5 南史 10 北齊書 23	
		魏彥卿，武平中（570～576），兼通直散騎常侍，聘陳使副。〔註 37〕		
		周陳公純等取齊宜陽等九城，齊斛律光將步騎五萬赴之。		
周武帝天和六年		五月，癸亥，周遣納言鄭詡使於陳。	周書 5,35 北史 10,35	
齊後主武平二年		九月壬申，陳人來聘。	北齊書 8 北史 8	
周武帝天和六年		十月乙酉（11），周遣使來聘。	陳書 5 南史 10	
齊後主武平二年	周武帝天和六年	十月乙未（21），周遣右武伯谷會琨、御正蔡斌使於齊。	周書 5 北史 10	
		六年，（蘇孝慈），授正大都督，重出聘齊。〔註 38〕	冊府元龜 654 隋蘇孝慈墓誌銘拓本	
		十一月庚戌，齊遣侍中赫連子悅聘於周。（封孝琰可能爲副使）〔註 39〕	北齊書 8 北史 8,10,55	
		十一月丙辰，齊遣使聘周。	周書 5	

〔註 36〕 或同年九月出使，姑置於此。另外，徐陵〈答族人東海太守長孺書〉云：「恩（息）報近歲奉使來歸，辱彼河清，年中告行，并惠以明鏡」，「劉、傅二常侍還，又承書札」，徐陵與梁末入北齊的徐長孺書信往返，可能即於此時。唯後文云「吾七十之歲，庵磁已迫」，此時徐陵應該方六十五，待考。

〔註 37〕 傅縡和魏彥卿出使時間，史書皆未詳載，以文中所提及時間推測，姑置於此。

〔註 38〕 蘇孝慈兩次使齊時間均不確定，依其年而置。

〔註 39〕 《北齊書》，卷 21〈封孝琰〉：「（和）士開死（武平二年七月）後，爲通直散騎常侍。後與周朝通好，趙彥深奏之，詔以爲聘周使副。祖珽輔政，又奏令入文林館（四年二月丙午）」。參見蔡宗憲，《中古前期的交聘與南北互動》，〈南北朝交聘編年表〉，頁 418。

		梁蕭皎歸天保十年	是歲，梁華皎將如周，過襄陽，說衛公直曰：「望借數州以資梁國。」周主詔以基、平、郢三州與之。	
572	齊後主武平三年	周武帝天和七年	二月，癸酉，周遣大將軍昌城公深聘於突厥，司賓李際、小賓部賀遂禮聘於齊。	周書5
			三月，齊遣使聘周。	周書5 北史10
		周武帝建德元年	三月十四日，周帝宇文邕誅晉公宇文護。昌城公深使突厥未還，遣開府儀同三司宇文德繼璽書就殺之。丁巳，大赦，改元。	
			四月己卯，周遣工部代公宇文達、小禮部辛彥之聘於齊。	周書5 北史10 北齊書8 北史8
	周武帝建德元年	陳宣帝太建四年	七月，陳遣使來聘。	周書5 北史10
	齊後主武平三年	周武帝建德元年	八月，庚午（1），齊使領軍封輔相聘於周。〔註40〕	北齊書8 北史8 通鑑171
			八月辛未（2），周使司城中大夫杜杲來聘。鮑宏累遷遂伯下大夫。與杜子暉聘陳，謀伐齊。	周書39 隋書66 南史10
			建德初，杜杲為司城中大夫，使於陳。陳宣帝謂杲曰：「王褒、庾信之徒既羈旅關中，亦當有南枝之思耳。」杲還至石頭，又遣謂之曰：「共圖齊氏」。	北史70,77 通鑑171
			九月，陳人聘齊。	北齊書8 北史8
			冬，十月，庚午，周詔：「江陵所虜充官口者，悉免為民。」（梁元帝亡，至此已十九年）	
			辛未，遣小匠師楊勰、齊馭下大夫唐則（唐令則）使於陳。	周書5,32 北史10,67
573	齊後主武平四年	陳宣帝太建五年	正月庚辰，齊詔兼散騎常侍崔象使於陳。	北齊書8 北史8
	周武帝建德二年		閏正月己巳，陳遣使來聘。	周書5 北史10

〔註40〕《北齊書》，卷8《北史》，卷8作「庚寅」，為當月二十一日，反而落後於之後諸史事。《北通鑑》，卷171作「庚午」，為當月一日，從之。

	齊後主 武平四年	周武帝建 德二年	二月壬戌，周遣司會侯莫陳凱、太子宮尹 鄭譯使於齊。	周書5,16,35 北史35,60
			三月，陳北伐齊。	
			四月己未，周人聘齊。	北齊書8 北史8
			六月丙辰，齊使開府儀同三司王紘兼侍 中，聘於周。	北齊書8,25 北史8,55 通鑑171
	周武帝建 德二年	陳宣帝太 建五年	六月癸亥，周遣使聘陳。 謝貞於江陵陷沒。太建五年，周帝遣之， 因隨聘使杜子暉還國。 杜杲除司倉中大夫，又使於陳。時元定已 卒，乃禮送開府賀拔華及定棺柩，杲受之 以歸。 韋沖從大將軍元定度江伐陳，爲陳人所 虜。周武帝以幣贖還之。帝復令沖以馬千 匹使陳，贖開府賀拔華等五十人及元定之 柩而還。	陳書5,32 南史10,74 隋書47 北史70
			九月乙丑，陳遣使聘周。	周書5 北史10
	齊	周	十月癸卯，齊遣使聘周。 陳伐北齊，盡復江北之地。追斬前梁將軍 王琳。琳雖失地流寓在鄴，齊人皆重其忠 義，故吏梁驃騎倉曹參軍朱瑒致書徐陵求 其首。十二月，瑒間道奔齊，別議迎葬， 密送其柩於鄴。	通鑑171
574	周武帝建 德三年 齊後主 武平五年	陳宣帝太 建六年 周武帝建 德三年	正月甲申，周遣使來聘。	陳書5 南史10
			三月，癸酉，周叱奴太后崩。 夏，四月，乙卯，齊遣侍中薛孤（延）、 康買弔於周，且會葬。齊主又遣商胡齎錦 綵三萬疋與弔使同往，欲市眞珠爲皇后造 七寶車，周人不與交易，然而竟造焉。	周書5 北齊書9 北史10 通鑑171
			十月丙申，周遣御正楊尚希、禮部下大夫 盧愷使於陳。	周書5,32 隋書56 北史30
575	齊後主 武平六年	周武帝建 德四年	周高祖謀伐齊，齊人聞之，亦增修守禦。 柱國于翼諫曰：「不如解嚴繼好，使彼懈 而無備」。韋孝寬上疏：「宜與陳人分其兵 勢……宜還崇鄰好，申其盟約，安民和 眾，通商惠工，蓄銳養威，觀釁而動。斯 乃長策遠馭，坐自兼併也。」	通鑑172

	周武帝建德四年	陳宣帝太建七年	四年，以元偉爲使主，報聘于齊。是秋，高祖親戎東討，偉遂爲齊人所執。六年，齊平，偉方見釋。	周書 6,38 北齊書 8-9 隋書 54
			三月丙辰，周使伊婁謙與小司寇元偉聘於齊以觀釁。其參軍高遵以情輸於齊，齊人拘之於晉陽。	北史 8,15,64 通鑑 172
			七月甲戌，陳遣使聘周。	周書 6 北史 10
			七月壬午，周主帥眾六萬，直指河陰。八月癸卯，周師入齊境。	同上
			八月癸卯，周遣使聘陳。	陳書 5 南史 10
			十二月丙子，陳遣使聘周。	周書 6 北史 10
			齊主欲奔突厥，從官多散。 十二月，周主既克晉陽，召周使伊婁謙，勞之。 周師之克晉陽也，齊使開府儀同三司紀奚永安求救於突厥，比至，齊已亡。	通鑑 172
576	周武帝建德五年 齊後主武平七年	陳宣帝太建八年	八月乙丑，陳遣使聘周。	周書 6 北史 10
			蕭密兼散騎常侍，聘于齊。	陳書 21
577	周武帝建德五年	北齊幼主承光元年	齊黃門侍郎顏之推、中書侍郎薛道衡、侍中陳德信等勸上皇往河外募兵，更爲經略；若不濟，南投陳國。從之。正月甲午，周主入鄴。	通鑑 173 周書 6
			梁主入朝於鄴。自秦兼天下，無朝覲之禮，至是始命有司草具其事。	
		陳宣帝太建九年	五月庚子，陳遣使聘周。	周書 6 北史 10
578	周建德七年 宣政元年	陳宣帝太建十年	北周與陳、突厥皆發生戰爭。 三月改元宣政。 六月，丁酉朔，帝疾甚，還長安；是夕殂。 十二月，北周伐陳。	陳書 5 周書 7 北史 10
579	周宣帝大成元年		二月辛巳，宣帝於鄴宮傳位授帝。 五月乙未，宣帝寢疾。	周書 7-8

	周靜帝大象元年	陳宣帝太建十一年	九月，乙卯，以鄖公韋孝寬爲行軍元帥，帥行軍總管杞公亮、邺公梁士彥寇淮南。仍遣御正中大夫杜杲、禮部下大夫薛舒來聘。	周書 7,34,38 北史 10,36 通鑑 173
			裴義宣後從御正杜杲使於陳，始得將父裴寬柩還。	
			江北之地盡沒於周。	通鑑 173
			貞毅將軍汝南周法尚，與長沙王叔堅不相能。叔堅譖之於上，云其欲反。上執其兄定州刺史法僧，發兵將擊法尚。法尚奔周	
580	周靜帝大象二年		五月乙未，宣帝崩。 七月己酉，司馬消難舉兵反楊堅。八月庚辰，司馬消難擁其眾以魯山、甑山二鎮奔陳。	周書 8
		梁世宗天保十九年	及隋高祖輔政，蕭巋令莊奉書入關。時三方搆難，高祖懼巋有異志，及莊還，謂莊曰：「孤昔以開府從役江陵，深蒙梁主殊眷。……君還本國，幸申孤此意於梁主也。」遂執莊手而別。	隋書 66 通鑑 175
		陳宣帝太建十二年	司馬消難作亂江北，隋高祖令柳雄亮聘于陳，以結鄰好。及還，會高祖受禪。	隋書 47
581	周靜帝大定元年	陳宣帝太建十三年	二月甲子（14），隋篡周。	

八、隋－陳交聘表

581	隋文帝開皇元年	梁世宗天保二十年	三月丁未，梁主蕭巋使其太宰蕭巖、司空劉義來賀。高祖踐祚，柳莊又入朝，高祖深慰勉之。	隋書 1,66 北史 11
		陳宣帝太建十三年	四月，散騎常侍韋鼎、兼通直散騎常侍王瑳聘於周。辛丑，至長安，隋已受禪，隋主致之介國。	隋書 1,78 北史 11 南史 58
			十一月丁卯，隋遣兼散騎侍郎鄭撝來聘。許文經，隋開皇初侍御史，兼通直散騎常侍，聘陳使副。	北齊書 43 北史 26 通鑑 175
582	隋文帝開皇元年	陳宣帝太建十四年	正月甲寅，陳宣帝崩于宣福殿。 戊辰，陳遣使請和於隋，歸其胡墅。隋高頴奏，禮不伐喪。二月，己丑，隋主詔頴等班師。	陳書 5 隋書 1 北史 11 通鑑 175

		六月，甲申，隋遣使弔於陳國。		隋書 1 南史 10
		初，隋主受禪以來，與陳鄰好甚篤，每獲陳諜，皆給衣馬禮遣之，而高宗猶不禁侵掠，故太建之末，隋師入寇。會高宗殂，隋主即命班師，遣使赴弔，書稱姓名頓首。帝答之益驕，書末云：「想彼統內如宜，此宇宙清泰」。隋主不悅，以示朝臣。上柱國楊素以為主辱臣死，再拜請罪。隋主問取陳之策於高熲。		通鑑 175
	梁世宗天保二十一年	隋主既立，待遇梁主，恩禮彌厚。是歲，納梁主女為晉王妃，又欲以其子瑒尚蘭陵公主。由是罷江陵總管，梁主始得專制其國。		隋書 66 通鑑 175
		及為晉王廣納妃于梁，柳莊因是往來四五反。		
583	隋文帝開皇三年	陳後主至德元年	二月癸酉，癸酉，陳遣兼散騎常侍賀徹、兼通直散騎常侍蕭褒來聘。	隋書 1,47,57 北史 11,30
			陳使賀徹、周墳相繼來聘，朝廷每令盧昌衡接對之。〔註41〕	
			開皇初，每梁、陳使至，輒令柳䛒之接對。	
			三月，丙辰，隋遷於新都。	隋書 1 通鑑 175
			丁巳，詔購求遺書於天下。	
			四月己丑，陳鄭州城主張子譏遣使請降於隋，隋主以和好，不納。	
			四月辛卯，隋主遣兼散騎常侍薛舒、兼散騎常侍王劭使於陳。	隋書 1 北史 11
		梁世宗天保二十二年	五月，乙巳，梁太子琮入朝於隋，賀遷都。	
		陳後主至德元年	十一月，陳遣散騎常侍周墳（墳）、通直散騎常侍袁彥聘於隋。陳主聞隋主狀貌異人，使彥畫像而歸。	隋書 1,57 北史 11,30 南史 10
			令盧昌衡接對之。	

〔註41〕《太平廣記》，卷 253〈嘲誚〉引《啓顏錄》，記載了隋初盧思道接對陳使徐陵。開皇元年，陳朝遣使，對象仍是北周；開皇二年，陳宣帝崩，隋文帝因此中止南征，無論陳朝請和或隋朝赴弔，使節姓名都不詳，時徐陵已七十六歲高齡，正式聘問的可能性已不高，前往軍中議和的可能性更低。次年二月與十一月的正、副使節，史書都有記載，何況徐陵十月即卒。

		十二月乙卯，隋遣兼散騎常侍曹令則（唐令則）、通直散騎常侍魏澹使於陳。陳人使潘徽接對之。	隋書 1,58,76 北史 11,56
584	隋文帝開皇四年	梁世宗天保二十三年	正月壬申，梁主入朝於隋。	通鑑 176
			二月，乙巳，隋主餞梁主於灞上。	
		陳後主至德二年	七月，丙寅，陳遣兼散騎常侍謝泉、兼通直散騎常侍賀德基聘於隋。詔柳肅宴接，時論稱其華辯。	隋書 1,47 北史 11,64
			七月乙卯，將軍夏侯苗請降於隋，隋主以通和，不納。	通鑑 176
			冬，十一月，壬戌，隋主遣兼散騎常侍薛道衡、通直散騎常侍豆盧寔聘陳，戒道衡「當識朕意，勿以言辭相折」。	隋書 1,57 北史 36
585	隋文帝開皇五年	陳後主至德三年	七月庚申，陳遣兼散騎常侍王話、兼通直散騎常侍阮卓來聘於隋。隋主夙聞卓名，乃遣河東薛道衡、琅邪顏之推等，與卓談讌賦詩，賜遣加禮。	隋書 1 北史 11 陳書 34 南史 72
			九月丙子，遣兼散騎常侍李若、兼通直散騎常侍崔君贍使於陳。	隋書 1 北史 11
586	隋文帝開皇六年	陳後主至德四年	四月己亥，陳遣兼散騎常侍周磻、兼通直散騎常侍江椿來聘。	隋書 1 北史 11
			八月辛卯，遣散騎常侍裴豪（裴世豪）、兼通直散騎常侍劉顗聘于陳。	隋書 1 北史 11
			隋主徵梁主叔父太尉吳王岑入朝，拜大將軍，封懷義公，因留不遣；復置江陵總管以監之。	隋書 79 通鑑 176
587	隋文帝開皇七年	陳後主禎明元年	二月丁巳，陳遣兼散騎常侍王亨、兼通直散騎常侍王睿來聘。	隋書 1 北史 11
			四月甲戌，遣兼散騎常侍楊同、兼通直散騎常侍崔儦使于陳。	隋書 1,76 北史 24
			八月，隋主徵梁主入朝。梁主帥其群臣二百餘人發江陵。庚申，至長安。隋主以梁主在外，遣武鄉公崔弘度將兵戍江陵。軍至都州，梁主叔父太傅安平王巖、弟荊州刺史義興王瓛等恐弘度襲之，乙丑，遣其都官尚書沈君公詣荊州刺史宜黃侯慧紀請降於陳。九月，辛卯，巖等驅文、武、男、女十萬口奔陳。隋主聞之，廢梁國。	隋書 1 通鑑 176

588	隋文帝 開皇八年	陳後主 禎明二年	正月乙亥，陳遣散騎常侍袁雅、兼通直散騎常侍周止水聘於隋；又遣騎常侍九江周羅睺將兵屯峽口，侵隋峽州。隋文帝令元善就館受書。	隋書 2,75 北史 11 通鑑 176
			三月甲戌，遣兼散騎常侍程尚賢、兼通直散騎常侍韋憚使于陳。	隋書 2 北史 11
			三月戊寅，隋主下詔曰：「可出師授律，應機誅殄：在斯一舉，永清吳越。」又送璽書暴帝二十惡；仍散寫詔書三十萬紙，遍諭江外。	隋書 2 通鑑 176
			十月，己未，陳遣兼散騎常侍王琬、兼通直散騎常侍許善心聘於隋，隋人留於客館。琬等屢請還，不聽。	隋書 2,58 北史 11,83 通鑑 176
			十月，甲子，隋將伐陳，有事於太廟。	隋書 2 通鑑 176 通鑑 177

徵引書目

一、古　籍

（一）經　部

1. 孔穎達：《毛詩正義》（臺北：文化圖書公司，1970 年）。
2. 孔穎達：《禮記注疏》（臺北：文化圖書公司，1970 年）。
3. 朱熹：《四書章句集注》（北京，中華書局，1983 年）。
4. 徐彥：《春秋公羊傳注疏》（臺北：文化圖書公司，1970 年）。
5. 賈公彥：《周禮注疏》（臺北：文化圖書公司，1970 年）。
6. 賈公彥：《儀禮注疏》（臺北：文化圖書公司，1970 年）。

（二）史　部

1. 〔西漢〕司馬遷：《史記》（臺北：藝文印書館，景印清乾隆武英殿本，1972 年）。
2. 〔東漢〕班固撰，〔清〕王先謙補注：《漢書補注》（臺北：藝文印書館，1972 年，景印《二十五史》之一，用光緒庚子長沙王氏刊本）。
3. 〔劉宋〕范曄著，〔清〕王先謙集解：《後漢書集解》（臺北：藝文印書館，1972 年，景印《二十五史》之一，用民國四年長沙王氏刊本）。
4. 〔西晉〕陳壽撰，〔劉宋〕裴松之注，〔民國〕盧弼集解：《三國志集解》（臺北：藝文印書館，1972 年，景印《二十五史》之一）。
5. 〔唐〕房玄齡等撰，〔民國〕吳士鑑、劉承幹注：《晉書斠注》（臺北：藝文印書館，1972 年，景印《二十五史》之一，用民國十七年京師刊本）。
6. 〔梁〕沈約：《宋書》（北京：中華書局，1997 年）。
7. 〔梁〕蕭子顯：《南齊書》（北京：中華書局，1997 年）。

8. 〔唐〕姚思廉等撰：《梁書》（臺北：宏業書局，1974 年）。

9. 〔唐〕姚思廉等撰：《陳書》（臺北：藝文印書館，1972 年，景印《二十五史》之一，用清乾隆武英殿本）。

10. 〔北齊〕魏收：《魏書》（臺北：藝文印書館，1972 年，景印《二十五史》之一，用清乾隆武英殿本）。

11. 〔唐〕李百藥：《北齊書》（臺北：藝文印書館，1972 年，景印《二十五史》之一，用清乾隆武英殿本）。

12. 〔唐〕令狐德棻等：《北齊書》（臺北：藝文印書館，1972 年，景印《二十五史》之一，用清乾隆武英殿本）。

13. 〔唐〕魏徵等：《隋書》（臺北：藝文印書館，1972 年，景印《二十五史》之一，用清乾隆武英殿本）。

14. 〔唐〕李延壽：《北史》（北京：中華書局，1997 年）。

15. 〔唐〕李延壽：《南史》（北京：中華書局，1997 年）。

16. 〔北魏〕崔鴻撰，〔清〕湯球輯補，王魯一、王立華點校：《十六國春秋輯補》（山東：齊魯書社，2000 年）。

17. 〔隋〕陽玠撰；黃大宏校箋：《八代談藪校箋》（北京：中華書局，2010 年）。

18. 〔北魏〕楊衒之撰，范祥雍校注：《洛陽伽藍記校注》（上海：上海古籍出版社，1978 年）。

19. 〔唐〕丘悅撰，杜德橋、趙超輯校：《三國典略輯校》（臺北：東大圖書公司，1998 年）。

20. 〔唐〕杜佑撰，王文錦等點校：《通典》（北京：中華書局，1988 年）。

21. 〔唐〕劉知幾撰，〔清〕浦起龍釋：《史通通釋》（上海：上海古籍出版社，1982 年）。

22. 〔唐〕劉餗：《隋唐嘉話》（北京：中華書局，1979 年）。

23. 〔宋〕司馬光：《資治通鑑》（臺北：明倫出版社，1975 年）。

24. 〔宋〕李昉等：《太平御覽》（臺北：臺灣商務印書館，影印南宋蜀刊本，1974 年）。

25. 〔宋〕周應合：《景定建康志》，收入《宋元方志叢刊》（北京：中華書局，1990）。

26. 〔宋〕劉敞，《南北朝雜記》，收入《叢書集成新編》114（臺北：新文豐出版公司，1985 年）。

27. 〔清〕王夫之：《讀通鑑論》（北京：中華書局，1998 年）。

28. 〔清〕趙翼撰，〔民國〕杜維運考證：《廿二史劄記》（臺北：華世出版社，1977 年）。

（三）子　部

1. 〔劉宋〕劉義慶撰，〔民國〕楊勇校箋：《世說新語校箋》（臺北：明倫出版社，1973 年）。
2. 〔北齊〕顏之推：《顏氏家訓》（臺北：世界書局，1972 年）。
3. 〔唐〕段成式撰，方南生校點：《酉陽雜俎》（北京：中華書局，1981 年）。
4. 〔唐〕徐堅：《初學記》（北京：中華書局，2004 年）。
5. 〔唐〕張鷟：《朝野僉載》（北京：中華書局，1979 年）。
6. 〔唐〕歐陽詢：《藝文類聚》（上海：上海古籍出版社，1999 年）。
7. 〔唐〕釋道宣：《廣弘明集》（《大正新修大藏經》No. 2103，臺北：新文豐出版公司，1994 年）。
8. 〔唐〕釋道世撰，周叔迦、蘇晉仁校注：《法苑珠林校注》（北京：中華書局，2003 年）。
9. 〔唐〕釋道宣撰：《續高僧傳》（《大正新脩大藏經》No. 2060，臺北：新文豐出版公司，1994 年）。
10. 〔宋〕王欽若、楊億等：《冊府元龜》（臺北：中華書局，1967 年）。
11. 〔宋〕李昉等：《太平御覽》（臺北：臺灣商務印書館，影印南宋蜀刊本，1974 年）。
12. 〔宋〕徐度：《卻掃編》，臺北：臺灣商務印書館，景印《文淵閣四庫全書》，第 863 〔宋〕陸游：《老學庵筆記》（北京：中華書局，1997 年。
13. 〔宋〕葉適：《習學記言》（上海：上海古籍出版社，1992 年）。

（四）集　部

1. 〔梁〕蕭統：《文選》（臺北：藝文印書館，1983 年）。
2. 〔梁〕劉勰撰，范文瀾注：《文心雕龍注》（臺北：臺灣開明書店，1966 年）。
3. 〔陳〕徐陵撰，許逸民校箋：《徐陵集校箋》（北京：中華書局 2008 年）。
4. 〔陳〕徐陵編，吳兆宜注：《玉臺新詠箋注》（北京：中華書局，2000 年）。
5. 〔周〕庾信，〔清〕倪璠注：《庾子山集注》（北京：中華書局，2000 年）。
6. 〔唐〕許敬宗編，羅國威整理：《日藏弘仁本文館詞林校證》（北京：中華書局，2001 年）。
7. 〔宋〕李昉等編：《文苑英華》（北京：中華書局，1966 年）。
8. 逯欽立輯：《先秦漢魏晉南北朝詩》（臺北：木鐸出版社，1988）。
9. 嚴可均輯：《全上古三代秦漢三國六朝文》（臺北：世界書局，1982 年）。
10. 韓理洲輯校：《全隋文補遺》（西安：三秦出版社，2004 年）。

11. 王其禕等：《隋代墓志銘匯考》（北京：線裝書局，2007 年）。

12. 趙超：《漢魏南北朝墓誌彙編》（天津：天津古籍出版社，1992 年）。

13. 羅新、葉煒：《新出魏晉南北朝墓誌疏證》（北京：中華書局，2005 年）。

二、近今人著作

1. 三崎良章：《五胡十六国の基礎的研究》（日本東京：汲古書院，2006 年）。

2. 王立：《先秦外交辭令探究》（世界知識出版社，2008 年）。

3. 田餘慶：《拓跋史探》（北京：三聯書店，2003 年）。

4. 江上波夫著，張承志譯，《騎馬民族國家》（北京：光明日報出版社，1988 年）。

5. 呂思勉：《兩晉南北朝史》（上海：上海古籍出版社，1983 年）。

6. 呂春盛：《北齊政治史研究》（臺北：國立台灣大學出版委員會，1987 年）。

7. 呂春盛：《陳朝的政治結構與族群問題》（臺北：稻鄉出版社，2001 年）。

8. 呂春盛：《關隴集團的權力結構演變》（臺北：稻鄉出版社，2002 年）。

9. 宋其蕤：《北魏女主論》（北京：中國社會科學出版社，2006 年）。

10. 宋德熹《陳寅恪中古史學探研——以隋唐制度淵源略論稿爲例》（臺北：稻鄉出版社，1999 年）。

11. 李凭：《北魏平城時代》（社會科學文獻出版社，1999 年）。

12. 蕭黎：《北魏改革家——魏孝文帝評傳》（太原：山西人民出版社，1987 年）。

13. 何茲全：《讀史集》（上海：上海人民出版社，1982 年）。

14. 周春元：《南北朝交聘考》（貴陽：貴州師大學報編輯部，1989 年）。

15. 吳先寧：《北朝文學研究》（臺北：文津出版社，1993 年）。

16. 姚薇元：《北朝胡姓考》（臺北：華世出版社，1977 年）。

17. 宮崎市定著，韓昇、劉建英譯：《九品官人法研究：科舉前史》（北京：中華書局，2008 年）。

18. 馬長壽：《北狄與匈奴》（桂林：廣西師範大學出版社，2006 年）。

19. 馬長壽：《氐與羌》（桂林：廣西師範大學出版社，2006 年）。

20. 馬長壽：《烏桓與鮮卑》（桂林：廣西師範大學出版社，2006 年）。

21. 康樂：《從西郊到東郊——國家祭典與北魏政治》（臺北：稻鄉出版社，1995 年）。

22. 陳寅恪：《隋唐制度淵源略論稿》（臺北：里仁書局，1994 年）。

23. 張金龍：《北魏政治史》（蘭州：甘肅教育出版社，2008 年）。

24. 張繼昊：《從拓拔到北魏》（臺北：稻鄉出版社，2003 年）。

25. 張黌弓：《漢傳佛教與中古社會》（臺北：五南圖書出版公司，2005 年）。

26. 黃寶實：《中國歷代行人考》（臺北：臺灣中華書局，1969 年）。

27. 黃寶實：《中國歷代行人考續編》（臺北：臺灣中華書局，1970 年）。

28. 葉自成：《春秋戰國時期的中國外交思想》（香港社會科學出版社，2003 年）。

29. 楊軍、呂淨植：《鮮卑帝國傳奇》（北京：中國國際廣播出版社，2008 年）。

30. 逯耀東：《從平城到洛陽——拓跋魏文化轉變的歷程》（臺北：聯經出版事業公司，1979 年）。

31. 賈小軍：《魏晉十六國河西史稿》（天津：天津古籍出版社，2009 年）。

32. 劉建中：《五胡十六國論著索引》（合肥：黃山書社，2008 年）。

33. 劉精誠，《魏孝文帝傳》（天津：天津人民出版社，1993 年）。

34. 劉學銚：《五胡史論》（臺北：南天書局有限公司，2001 年）。

35. 劉躍進：《玉臺新詠研究》（北京：中華書局，2000 年）。

36. 黎虎《漢唐外交制度史》（蘭州：蘭州大學出版社，1998 年）。

37. 蔡宗憲：《中古前期的交聘與南北互動》（臺北：稻鄉出版社，2008 年）。

38. 錢穆：《國史大綱》（臺北：商務印書館，1999 年）。

39. 韓樹峰：《南北朝時期淮漢迤北的邊境豪族》（北京：科學文獻出版社，2003 年）。

40. 韓樹峰：《中國文史地圖》（臺北：里仁書局，1984 年）。

三、論　文

（一）學位論文

1. 李廣健：《南北朝對峙時期的文化接觸——以媒介人物為討論中心》（香港：中文大學研究院歷史學部碩士論文，1990 年）。

2. 林晉士：《北朝散文研究》（高雄：國立中山大學中國文學系博士論文，1999 年）。

3. 梁育成：《東晉南北朝對峙政權之間的走私貿易》（香港中文大學研究院歷史學部碩士論文，1980。

4. 許朝棟：《西梁政權研究》（臺北：政治大學歷史學碩士論文，2009 年）。

5. 韓雪松：《北魏外交制度研究》（長春：吉林大學古籍研究所博士論文，2009 年）。

（二）單篇論文

1. 山崎宏，〈北朝末期の附庸國後梁に就いて〉，《史潮》，11.1（東京，1941.05）。

2. 山崎宏，〈北周の麟趾殿と北齊の文林館〉，收入《中國佛教‧文化史の研究》（京都：法藏館，1981）。

3. 王友敏，〈南北朝交聘禮儀考〉：《中國史研究》，1996-3。

4. 王弢，〈北齊、北周交聘探析〉：《安慶師範學院學報》，22-6，2003.11。

5. 王琛，〈南北朝的交聘與文學〉：《古典文學知識》，1997.2。

6. 王靜，〈北魏四夷館論考〉：《民族研究》，1999-4。

7. 田立坤、李智〈朝鮮發現的三燕文化及相關問題〉：《文物》，1994 年 11 期。

8. 田餘慶，〈《代歌》、《代記》和北魏國史——國史之獄的史學史考察〉，收入《拓跋史探》，頁 217～243，原本發表於《歷史研究》，2001 年第 1 期。

9. 吉定，〈庾信詩中「徐報」小考〉（《文學遺產》，北京中國社會科學院文學研究所，1995 年第 05 期）。

10. 宇青，〈六朝時期的南北互市與海外貿易〉：《江海學刊》，1989-6。

11. 牟發松，〈南北朝交聘中所見南北文化關係略論〉：《魏晉南北朝隋唐史資料》，14，1996 年。

12. 朱大渭，〈孝文帝改革〉，收入《六朝史論續編》，學苑出版社，2008 年。

13. 何茲全，〈北魏文明太后〉，收入《讀史集》，上海人民出版社，1982 年。

14. 呂一飛，〈論拓跋鮮卑的氏族制〉：《北朝研究》，1989 年 1 期。

15. 谷川道雄，〈南朝士族與禮貌〉，收入《黎虎教授古稀紀念中國古代史論叢》，北京：世界知識出版社，2006 年。

16. 谷霽光，〈崔浩國史之獄與北朝門閥〉，收入《谷霽光史學文集》（江西：江西教育出版社，1996 年），原本發表於《益世報》第 11 期，1935 年 9 月。

17. 宋冰，〈北魏早期漢族士人的文學觀念與散文傳統形成之關係〉，《晉陽學刊》，2006 年 1 期。

18. 李智君：〈五涼時期移民與河隴學術的盛衰——兼論陳寅恪「中原魏晉以降之文化轉移保存於涼州一隅」說〉：《中國史研究》，2006 年 02 期。

19. 李憑，〈平齊郡的設置與齊地的俘虜〉：《北朝研究》第 2 期，1990 年上半年刊。

20. 李寧峰，〈遼寧朝陽兩晉十六國時期墓葬清理簡報〉，《北方文物》，1986 年 6 期。

21. 李瓊英，〈論劉宋時期的南北關係〉：《西南師範大學學報》，1996-2。

22. 何茲全，〈北魏文明太后〉，收入氏著：《讀史集》（上海：上海人民出版社，1982 年）。

23. 蕭黎，〈北魏孝文帝時期之南北關係〉：《北方論叢》，1986-5。

24. 林文月，〈洛陽伽藍記的冷筆與熱筆〉，《台大中文學報》，1985 年 11 月。

25. 林晉士，〈南北文化交流對北朝文學發展的影響〉，屏東教育大學學報第 26 期，2007 年 3 月。

26. 吳慧蓮，〈魏宋之間的和戰關係〉，收入《鄭欽仁教授榮退紀念論文集》（臺北：稻鄉出版社，1999 年。

27. 室町榮夫，〈南北朝「支那」に於ける外交使節の素質〉：《歷史學研究》，1-4，1934.2。

28. 後藤勝，〈聘使交換より見た南北朝關係——關係史料の編年整理（上、下）〉：《岐阜教育大學紀要》，20～21 期，1990～1991 年。

29. 胡如雷，〈南北使者的文學相會——南北文風相融的進程之一〉，收入《中古文學集團》（桂林：廣西師範大學出版社，1996 年）。

30. 堀內淳一，〈南北朝間の使節よりみた「文化」の多樣性〉：《六朝學術學會報》，6，2005。

31. 堀內淳一，〈馬と柑橘——南北朝間の外交使節と經濟交流〉：《東洋學報》，88：1，2006 年。

32. 唐長孺，〈拓拔國家的建立及其封建化〉，收入氏著：《魏晉南北朝史論叢》。

33. 唐長孺，〈論南朝文學的北傳〉，收入《唐長孺社會文化史論叢》（武漢：武漢大學出版社，2001）。。

34. 陳寅恪，〈崔浩與寇謙之〉，收入：《陳寅恪先生全集》，（臺北：九思出版有限公司，1977 年）。

35. 陳識仁，〈北魏修史略論〉，收入黃清連主編：《結網編》（臺北，東大圖書公司，1998 年），頁 233～273。

36. 孫同勛，〈北魏初期胡漢關係與崔浩之獄〉，收入《拓拔氏的漢化及其他——北魏史論文集》（臺北：稻鄉出版社，2005 年），原本發表於《幼獅學報》，卷 3，第 1 期，1964 年 1 月。

37. 梁滿倉，〈南北朝通使芻議〉，收入《漢唐間政治與文化探索》（貴陽：貴州人民出版社，2000 年），原發表於《北朝研究》，1990-1。

38. 曹文柱，〈論北魏初年都址的選擇及其對前期社會的影響〉，收入：氏著：《魏晉南北朝史論合集》（北京：商務印書館）。

39. 張金龍，〈「馮氏改革」說商榷〉：《中國史研究》，1986 年 2 期。

40. 張金龍，〈河西士人在北魏的政治境遇及其文化影響〉：《蘭州大學學報》

1995 年第 2 期。

41. 馮君實〈對近年來「孝文改制」研究的評議〉，東北師大學報，1985 年 5 期。

42. 勞榦，〈北魏後期的重要都邑與北魏政治的關係〉：《中央研究院歷史語言所集刊》外編第 4 種上：《慶祝董作賓先生六十五歲論文集》，1960 年 7 月。

43. 趙立新，〈試論梁末江陵政權之外交與定都的關係〉：《史苑》，56，1996 年 1 月。

44. 劉淑芬，〈中古都城坊制初探〉，收入《六朝的城市與社會》（臺北：學生書局，1992 年），原刊於《中央研究院歷史語言研究所集刊》，61：2，1990 年 6 月。

45. 璞石，〈遼寧朝陽袁台子北燕墓〉，《文物》1994 年 11 期。

46. 廖楊，〈鮮卑族宗法文化論略〉，《黑龍江民族叢刊》，2004 年 5 期。

47. 黎虎，〈鄭羲使宋述略〉：《文史哲》，1993-3。收入《魏晉南北朝史論》（北京：學苑出版社，1999 年）。

48. 黎瑤渤，〈遼寧北票西官營子北燕馮素弗墓〉：《文物》，1973 年 3 期。

49. 鄭欽仁，〈宋魏交聘表〉：《大陸雜誌》，22：6，1961 年 3 月。

50. 龔詩堯，〈十六國重要政權與同期拓拔鮮卑之漢化概況比較——以官方文教政策為討論核心〉：《淡江中文學報》，2011 年，第 24 期。